LE BAC Français EN 50 auteurs-clés

W0323039

Jean-Michel GLIKSOHN
Maître de Conférence
à l'Université de Paris-Sorbonne

Nathan

Maquette intérieure
Thierry MÉLÉARD

Couverture
Elise LAUNAY

Édition
Raphaëlle MOUREY

ISBN 978-209-189253-5

Avant-propos

À qui s'adresse ce petit guide ?

Ce petit guide présente l'essentiel de notre histoire littéraire sous une forme que nous avons voulu accessible et vivante.

Il est destiné à celle ou à celui qui désire acquérir des connaissances de base ou rafraîchir ses souvenirs d'élève. Il constitue une source d'informations synthétiques pour les candidats à tout examen ou concours où l'on exige un minimum de culture générale.

Mais nous avons songé aussi à celles et à ceux qui se présentent à l'Épreuve Anticipée de Français du baccalauréat : ce petit guide leur fournira de quoi enrichir la dissertation, le commentaire, voire l'écriture d'invention.

Comment l'utiliser ?

Ce livre est construit de manière strictement chronologique. Il suit l'ordre des siècles et, dans chaque siècle, celui de la naissance des auteurs.

Chaque chapitre se présente de la même manière :

• Une page expose les traits essentiels du siècle (ou de la période, pour le Moyen Âge).

• Une chronologie met en rapport les écrivains, les événements, les régimes politiques.

• Une section est ensuite consacrée à chacun des auteurs retenus comportant une biographie, une liste chronologique de ses œuvres principales, suivie d'un ou de plusieurs brefs extraits.

• Chaque extrait fait l'objet d'une présentation suivie d'un commentaire signalé par les mots : *Vous remarquerez*. Ce commentaire attire l'attention du lecteur sur les caractéristiques de l'extrait qui suit, comme le ferait un guide-conférencier devant un tableau ou un monument. Le lycéen pourra utilement trouver dans cette rubrique les éléments majeurs d'un commentaire ou bien des idées et des exemples à retenir pour la dissertation ou un examen oral.

• À la fin du volume, figure un index des auteurs et des titres.

Avertissement

Nous avons visé la brièveté afin qu'on puisse envisager, sans découragement, de lire ce petit guide en entier. Il ne contient donc que ce qu'il est *interdit d'ignorer* en matière de littérature française. Ainsi, nous avons dû faire des choix cruels. Certaines exclusions heurteront le lettré : qu'il veuille bien considérer que l'absence des auteurs que nous avons retenus le heurterait davantage encore !

[On trouvera, insérés dans le texte des extraits, en italiques et entre crochets ([=...]) des équivalents des mots rares ou vieillis. Les éclaircissements sur le texte figurent en note de bas de page.]

Sommaire

Le XVIIIe siècle : le siècle des Lumières

Le XIXe siècle : romantisme, réalisme et symbolisme

Le XXᵉ siècle : traditions et modernité

Le Moyen Âge

Au Moyen Âge, la littérature partage l'esprit des autres arts. De même que les architectes bâtissent des cathédrales, des écrivains construisent de vastes édifices romanesques ou dramatiques. Des poètes atteignent le même raffinement technique que les musiciens qui entremêlent les voix de la polyphonie.

Enfin, l'imagination des conteurs rejoint celle des sculpteurs et des maîtres du vitrail dans le réalisme comme dans le fantastique.

Le Moyen Âge

Repères historiques

Qu'est-ce que le Moyen Âge ?

■ Le Moyen Âge s'étend de la chute de l'Empire romain, en 476, à la prise de Constantinople par les Turcs en 1453. Mais, en ce qui concerne la littérature, le Moyen Âge commence vers 1070, avec les premières chansons de geste[1].

■ Pendant les années 1000 à 1500, le royaume de France se construit lentement. L'autorité royale peine à s'imposer devant la puissance des seigneurs. Les guerres et les calamités se succèdent. Mais l'essor économique est considérable et la vie culturelle, entre les périodes de troubles, s'épanouit.

Le temps des cathédrales

■ Les cathédrales se dressent encore dans nos villes. Ces monuments montrent l'audace, l'ingéniosité, le sens artistique des hommes du Moyen Âge. Mais ils montrent surtout que ceux-ci donnaient le meilleur d'eux-mêmes pour ce qu'ils nommaient la *Gloire de Dieu*. Toute l'Europe médiévale est catholique et adopte une vision théologique de l'univers. Les savants sont tous des prêtres (on disait alors des *clercs*) ; ils élaborent et enseignent (en latin) la doctrine de l'Église. Seuls quelques rares hérétiques, férocement pourchassés, s'écartent de cette doctrine. La littérature française du Moyen Âge, même non religieuse, n'est compréhensible que dans ce contexte.

Seigneurs et chevaliers

■ Certains souverains exercent un pouvoir centralisé sur de vastes territoires. Des milliers de seigneurs, grands et petits, règnent sur leurs terres et n'entretiennent avec le roi (et avec d'autres seigneurs) que des relations de conflit ou d'alliance plus ou moins étroites. Les seigneurs assurent la protection militaire à leur population qui, en retour, nourrit le château.

■ Ainsi l'art de la guerre joue un rôle essentiel dans la civilisation médiévale et il est intimement lié à la noblesse ; la bravoure, l'honneur, y représentent des valeurs primordiales. Le seigneur s'attache les services de chevaliers, nobles sans terre, experts au combat à cheval. Les exploits des chevaliers nourris-

1. Voir p. 9.

sent une bonne partie de la littérature du Moyen Âge.

Repères littéraires

La Chanson de geste

■ Ce genre littéraire connut un grand succès dès la fin du XIe siècle, mais on le pratiquait encore au XVIe. Plusieurs dizaines de chansons de geste sont parvenues jusqu'à nous mais on sait peu de choses de leurs auteurs.

■ La chanson de geste est un long poème qui raconte les aventures guerrières de chevaliers célèbres. Le mot *geste* (comme le latin *gesta*) désigne les exploits des héros.

■ La chanson de geste était destinée à être déclamée devant une noble assemblée par un « jongleur », membre d'une troupe qui allait de château en château et qui comprenait aussi des musiciens, des montreurs d'animaux, etc.

■ La chanson est composée en vers réguliers, décasyllabes, parfois alexandrins. Des strophes, de longueur variable, tirent leur unité du sujet et de l'assonance (chaque vers se termine par la même voyelle).

Le roman courtois

■ Au XIIe siècle, des romanciers et des poètes (*troubadours* dans le sud de la France, *trouvère* dans le nord) célèbrent dans leurs récits l'amour courtois ou *fin'amor* : le chevalier courtois combat secrètement pour la Dame de ses pensées qu'il s'efforce de mériter en surmontant de multiples épreuves. Mais la Dame est généralement mariée, et donc inaccessible : le désir se résout non dans le bonheur charnel et le mariage, mais souvent, dans la mort. Ainsi naît une véritable mystique amoureuse : les amants obéissent aux règles de l'amour courtois et idéalisent l'objet de leur passion.

■ Les auteurs de romans courtois empruntaient à de vieilles légendes de « Bretagne » (il s'agissait des pays celtes : la Cornouaille, le Pays de Galle, l'Irlande, la Bretagne continentale, nommée souvent *Armorique*).

■ Les premiers récits courtois sont écrits en vers, mais les continuateurs, au XIIIe siècle, préféreront la prose. Leur longueur est variable : certains ne racontent qu'un épisode en quelques dizaines de vers, beaucoup ont l'ampleur d'un récit d'environ deux cents pages. Au

XIIIe siècle, les versions en proses gagnent encore en longueur.

■ Durant tout le Moyen Âge, et jusqu'au XVIIe siècle, le roman courtois, plus ou moins modernisé, trouva des lecteurs et des continuateurs.

La poésie lyrique

■ Après les trouvères et les troubadours qui créent la poésie courtoise, apparaît au XIIe siècle une poésie qui s'attache à la description réaliste des soucis de la vie quotidienne.

■ D'autres poètes, fidèles à la littérature courtoise, créent des formes raffinées, notamment la ballade et le rondeau. Des poètes du XVe siècle, notamment Charles d'Orléans et François Villon, donnent à leurs poèmes un ton souvent très personnel.

La littérature religieuse

■ Les premiers textes de la littérature française racontent la vie des saints (on parle de littérature *hagiographique*).

■ La littérature religieuse est, d'autre part, à l'origine du théâtre : dans le cadre des cérémonies du culte, on représente des scènes bibliques, des épisodes de la vie des saints (les *miracles*), puis, des scènes de la Passion du Christ, richement mis en scène (les *mystères*).

La littérature satirique et comique

■ Un vaste ensemble de récits dont les personnages principaux sont des animaux, comme le *Roman de Renart*, est une satire de la société et une parodie de la littérature courtoise.

■ Les fabliaux sont de courts récits destinés à faire rire par des aventures burlesques où la femme tient souvent le beau rôle.

■ Les premières pièces de théâtre profane, représentées au XIIIe siècle, sont des farces burlesques ou satiriques.

La littérature historique

■ Les Croisades font naître le désir de rapporter des témoignages exacts dans une langue accessible.

■ D'autres historiens brossent des tableaux de batailles et racontent précisément la vie des souverains.

Le Moyen Âge

Xe SIÈCLE

880 – *Cantilène de Sainte Eulalie* : Premier texte littéraire de langue française

XIe SIÈCLE

987 – Avènement du premier roi de France : Hugues Capet

XIIe SIÈCLE

1080 – La *Chanson de Roland*

1096-1099 – Première Croisade pour reprendre Jérusalem aux Turcs.

XIIIe SIÈCLE

1163 – Début du chantier de Notre-Dame de Paris

1165-1192 – Les Romans de Chrétien de Troyes (romans courtois)

Vers 1170 – Les Romans de *Tristan et Iseut* (romans courtois)

1175-1250 – *Le Roman de Renart*

XIVe SIÈCLE

1226 - 1270 – Règne du roi Saint Louis (Louis IX)

1227 – Fondation de la Sorbonne, à Paris (Faculté de théologie).

1275 – Départ de Marco Polo pour la Chine

XVe SIÈCLE

1307-1321 – *La Divine Comédie* de Dante (en italien).

1337 – Début de la « Guerre de cent ans » entre la France et l'Angleterre

1347-1349 – La peste tue un tiers de la population française

1378 -1417 – Le « schisme » : un pape à Rome, un autre en Avignon

1431- après 1463 – François Villon, *Poésies*

1492 – Christophe Colomb en Amérique

LA CHANSON DE ROLAND

(vers 1080)

■ *La Chanson de Roland,* dont le manuscrit ne fut retrouvé qu'au XIXe siècle, est peut-être due à un certain Turoldus, qui la signe au dernier vers ; mais on ne sait rien de lui. Cette chanson compte environ quatre mille vers.

De la légende héroïque à l'actualité

■ *La Chanson de Roland* date de la fin du XIe siècle. L'œuvre évoque, en le transformant beaucoup, un épisode du règne de Charlemagne qu'on peut situer autour de 778, soit trois siècles auparavant.

■ En modifiant la vérité historique, la chanson de geste l'a adaptée à l'actualité : Roland, dans le poème, combat les Sarrasins (c'est-à-dire les musulmans d'Espagne) et non, comme ce fut le cas en réalité, des montagnards basques chrétiens. Ce changement relève de la propagande : *la Chanson de Roland* annonce la première Croisade et la prise de Jérusalem en 1099, victoire des chevaliers chrétiens sur les Turcs musulmans qui tenaient les lieux saints.

L'unité de l'œuvre

■ Le héros, Roland, y joue un rôle essentiel mais pas exclusif : il meurt à la strophe (= laisse) 175 d'un poème qui en compte 290.

■ Les spécialistes se sont interrogés sur le sujet de l'œuvre : s'agit-il d'une querelle de famille entre Roland et son beau-père Ganelon ? L'essentiel est-il le récit de la bataille de Roncevaux, ou bien la lutte des seigneurs chrétiens contre les seigneurs musulmans ? Selon les réponses, on a imaginé que la *Chanson de Roland* avait été conçue par un seul poète ou bien qu'elle représentait la synthèse d'une longue tradition orale.

LA CHANSON DE ROLAND

Laisse 175

• Le vieil empereur Charlemagne (âgé de plus de deux cents ans selon la Chanson !) guerroie en Espagne contre les Sarrasins. Seul le roi Marsile, à Saragosse, lui résiste et cherche à ruser : pour obtenir le départ des Francs, il offre de se convertir et de devenir l'allié soumis de Charlemagne. Les conseillers de l'empereur hésitent. Enfin, suivant l'avis de Roland, Charlemagne décide que Ganelon ira négocier à Saragosse. Mais Ganelon, second époux de la mère de Roland, jugeant cette mission à la fois délicate et sans prestige, jure de se venger de Roland par la trahison.

• A Saragosse, Ganelon complote avec le roi Marsile : dans un défilé des Pyrénées, à Roncevaux, deux cent mille Sarrasins attaqueront Roland et les vingt mille Francs de l'arrière-garde impériale.

• Malgré leur héroïsme, les chevaliers francs sont submergés par le nombre. L'extrait ci-dessous dépeint la mort de Roland.

Vous remarquerez

Le style de la chanson de geste

→ Des vers de dix syllabes.

→ Ce style aide la mémoire du jongleur[1] et crée une atmosphère de légende épique.

La mort d'un « comte »

→ *Comte* signifie ici compagnon du souverain.

→ Les valeurs féodales : la terre conquise, la terre natale, la noble lignée.

→ Le thème de la douleur morale n'occupe qu'un seul vers.

La mort d'un chrétien

→ Les vertus chrétiennes fondamentales, présentes au moment de la mort : la foi, le repentir, le souci du Salut.

Dieu et le chevalier

→ Dieu envoie à Roland un Chérubin, un archange « chevalier », Saint-Michel, et un autre, plus pacifique, Saint-Gabriel : rappel de l'opposition du « preux » (= brave) et du « sage ».

1. Voir p. 9.

→ Le gant symbolise le défi et représente la morale chevaleresque. Gabriel, en prenant le gant de Roland, sanctifie cette morale : Roland entre dans la légende chrétienne.

[Nous donnons une traduction qui respecte à peu près le décasyllabe, mais pas l'assonance.]

Le comte Roland gît au-dessous d'un pin.
Vers l'Espagne[1] il a tourné son visage.
De maintes choses il lui vient souvenir,
De tant de terres que vaillant il conquit,
De douce France, des hommes de son lignage,
De Charlemagne, seigneur qui l'a nourri.
Pleurs et soupirs il ne peut retenir.
Mais son âme même il ne veut oublier
Il bat sa coulpe, demande à Dieu pardon :
« Père véritable qui jamais ne mentis,
Qui Saint Lazare de mort ressuscita[2],
Et qui des lions protégea Daniel[3],
Sauve mon âme de tous les périls,
Pour les péchés que j'ai faits dans ma vie ! »
Son gant droit, il le tendit vers Dieu ;
Saint Gabriel[4] en sa main le saisit.
Dessus son bras avait posé sa tête,
Et les mains jointes, est allé à sa fin.
Dieu envoya son ange Chérubin
Et Saint Michel de la Mer du Péril[5],
Et avec eux Saint Gabriel y vint.
L'âme du comte ils portent en paradis.

(1) *Vers l'ennemi : signe de bravoure.*
(2) *Dans l'Évangile selon Saint-Jean (11, 1-44), Jésus ressuscite Lazare.*
(3) *Daniel fut sauvé par Dieu de la fosse aux lions (Cf le* Livre de Daniel *dans l'Ancien Testament).*
(4) *Gabriel révèle les secrets de Dieu et annonce à Marie la naissance de Jésus (*Évangile selon Saint Luc, *1,19 et 26-37).*
(5) *Dans le ciel, Michel terrasse le Dragon (le Diable), mais celui-ci transmet son pouvoir à la « Bête », qui surgit de la mer (*Apocalypse de Saint Jean, *12 ; 13).*

CHRÉTIEN DE TROYES

(vers 1130-vers 1190)

La vie et l'œuvre de Chrétien de Troyes

Une vie mal connue

■ De la vie de Chrétien de Troyes, nous ne savons presque rien si ce n'est qu'il dédie son *Chevalier à la charrette* à la fille d'Aliénor d'Aquitaine et de Louis VII. Il offre un autre roman, *le Conte du Graal* à Philippe d'Alsace, comte de Flandre.

■ On peut en déduire que Chrétien était soucieux de s'imposer à l'aristocratie de son temps.

Le plus grand romancier du Moyen Âge

■ Chrétien de Troyes est considéré comme le plus grand romancier du Moyen Âge. Il emprunte le sujet de ses cinq romans courtois[1] à la légende du roi Arthur et des Chevaliers de la Table ronde.

■ Chez Chrétien de Troyes, l'amour n'est pas nécessairement impossible et la perfection chrétienne devient un idéal (ce qui n'est pas le cas dans d'autres romans courtois, comme dans les romans inspirés de la légende de Tristan et Iseut.)

De l'amour courtois au Graal

■ Dans *Érec et Énide*, écrit vers 1165, la quête de l'amour courtois concerne deux époux ! Le chevalier entreprend de montrer que la grandeur héroïque n'est pas incompatible avec le mariage.

■ Dans *Cligès*, écrit vers 1176, un subterfuge permet aux amants de passer outre à un amour interdit : Fénice, se faisant passer pour morte, préserve son honneur tout en s'adonnant à une passion unique et idéale.

1. Voir p. 9.

■ Dans *Yvain ou le Chevalier au lion*, écrit vers 1180, les chevaliers vouent un culte à la dame, mais ils défendent aussi les valeurs chrétiennes en se mettant au service des faibles et des opprimés.

■ Enfin, dans *Perceval ou le Conte du Graal*, écrit après 1181, Chrétien s'engage dans une voie mystique. Le jeune chevalier Perceval suit un parcours initiatique, en quête d'un objet, le Graal, qui garde son secret, le roman étant resté inachevé. Des auteurs donneront une fin au roman, conférant une valeur chrétienne au Graal, devenu la coupe dans laquelle Joseph d'Arimathie avait recueilli le sang du Christ.

Les romans de Chrétien de Troyes

Vers 1165	*Érec et Énide*, roman en vers
Vers 1176	*Cligès ou la Fausse morte*, roman en vers
Vers 1179	*Lancelot ou le Chevalier à la charrette*, roman en vers
Vers 1180	*Yvain ou le Chevalier au lion*, roman en vers
Après 1181	*Perceval ou le Conte du Graal*, roman en vers

LANCELOT OU LE CHEVALIER À LA CHARRETTE

• La reine Guenièvre, épouse du roi Arthur, a été enlevée par un roi de « l'Autre-Monde », pays parsemé d'embûches dont on ne revient pas. Un énigmatique inconnu, appelé le « chevalier à la charrette », accepte de courir les plus grands dangers pour la libérer. Au terme de multiples aventures, combats et humiliations, Lancelot sera reconnu, gagnant la liberté et l'amour de Guenièvre.

• Lancelot est non seulement un chevalier parfait, fort, beau et courageux, mais il affronte, en outre, avec une certitude tranquille des épreuves et des dangers d'une forme parfois surnaturelle. Acceptant de voyager en charrette, suprême humiliation pour un chevalier, il fait de sa honte une épreuve pour conquérir la dame de ses pensées. L'amour lui donne une force quasi mystique, qui n'exclut pas la passion charnelle.

- Voici un extrait de l'épisode où Lancelot franchit le « pont de l'épée ».

Vous remarquerez

- **Le réel et le surnaturel**

→ Chrétien permet au lecteur de se représenter le pont et mêle dans la description le réalisme et le surnaturel.

→ Les personnages perçoivent le surnaturel comme normal et entraînent le lecteur dans cette voie.

- **L'émotion et les valeurs**

→ Importance du pacte d'amitié entre les chevaliers.

→ Le courage surhumain de Lancelot se mêle aux sentiments humains : tremblement, émotion.

- **L'imagination visionnaire**

→ Le pont-épée, les eaux noires, le lion et le léopard sont-ils de simples accessoires du danger ou bien de secrètes allégories ? Ils sont, à coup sûr, des instruments de rêve pour le lecteur.

[Nous donnons les premiers vers du texte original, puis une adaptation qui maintient, approximativement, le vers et les assonances.]

Au pié del pont, qui molt est max,
Sont descendu de lor chevax,
Et voient l'eve felenesse,
Noire et bruiant, roide et espesse,
Tant leide et tant espoantable
Con se fust li fluns au deable,
(...)
Au pied du pont, très effrayant
De leurs chevaux sont descendus
Et ils voient l'onde félonesse
Noire et bruyante, rude et épaisse,

Tant laide et tant épouvantable
Qu'on aurait dit les flots du diable,
Et si périlleuse et profonde
Qu'il n'est rien de semblable au monde
Qui y tomberait serait noyé
Tout comme dans la mer gelée.
Et le pont jeté au travers
De tous les autres ponts diffère,
Jamais ne fut ni ne sera.
A qui me le demandera
Dirai que si méchant pont
Si laide planche n'existeront.
Une épée seule, forte et roide
D'une rive à l'autre faisait passage.
Elle avait deux lances de long
De chaque part à un grand tronc
L'épée était bien enfichée.
Nul ne pouvait craindre tomber
Ni qu'elle plie ni qu'elle se brise.
Et cependant à qui l'avise
Il doute qu'elle puisse poids porter.
Rien là de quoi réconforter
Les chevaliers car ils croyaient
Que deux léopards ou deux lions
Etaient, à l'autre bout du pont,
Enchaînés à quelque perron.
L'eau et le pont et les lions
Les mettent en telle frayeur
Que tous ils tremblent de peur
Et disent : « Sire, ce que vous voyez
Il vous convient de l'acceptez.
Par malveillance ce pont est fait
Et sa charpente est un forfait.
Si maintenant ne renoncer
Trop tard le regretterez.
Dans plus d'un cas, avant d'agir,

Il faut avant tout réfléchir.
(...)
Seigneurs, répond-il en riant
Merci d'avoir tant de tourment
Qui d'amour et franchise vous vient
Je sais que si malheur m'advient
Très grand sera votre chagrin.
Mais grâce à Dieu en qui je crois,
Rien de fâcheux ne m'adviendra.
Le pont ni l'eau n'est plus danger
Que la terre qui est sous mes pieds.
Sur l'autre bord je veux passer
Et pour ce risque m'équiper.
Plutôt mourir que reculer. »

(vers 3007-3048 et 3078-3090)

TRISTAN ET ISEUT

(1160-1250 environ)

La légende de *Tristan et Iseut*

La plus célèbre légende courtoise

■ La plus mémorable des aventures romanesques du Moyen Âge est sans doute celle de *Tristan et Iseut*, exemple parfait de l'esprit courtois. On en écrivit alors de multiples versions dans toute l'Europe, et les littératures modernes continuent à en produire.

■ En français, deux romans de la seconde moitié du XIIe siècle et des récits plus courts de la même période témoignent de son immense popularité.

Une histoire « d'amour et de mort »

■ La légende de Tristan et Iseut est, comme beaucoup de récits courtois, une histoire « d'amour et de mort ».

■ Le jeune prince Tristan, élevé par son oncle le roi Marc, tue le géant irlandais Morholt dont l'épée lui laisse des blessures empoisonnées. Il s'abandonne, pour mourir, sur une barque qui le conduit en Irlande où il se fait passer pour le jongleur « Tantris ». Or la reine d'Irlande, sœur de Morholt, le guérit par magie et lui demande d'enseigner la musique à sa fille, Iseut la blonde.

■ Cependant le roi Marc, en Cornouaille, a promis d'épouser l'inconnue dont il a trouvé un cheveu d'or. Tristan, de retour d'Irlande, songe alors à Iseut et va demander sa main pour son oncle. Sur le bateau du retour, Tristan et Iseut boivent, par erreur, le filtre d'amour destiné aux futurs époux. Les voici unis par une passion invincible.

■ Plus tard, soupçonnés par le roi, ils vivent cachés dans la forêt. Marc les découvre endormis côte à côte, séparés par l'épée de Tristan. Il renonce à les tuer et met son épée à la place de celle de son neveu.

Repentants, les amants obtiennent le pardon du roi : Iseut retourne à la cour, Tristan s'expatrie, épouse Iseut aux blanches mains, mais songe toujours à Iseut la blonde.

■ Sous divers déguisements, il parvient à la revoir ; puis, blessé par une lance empoisonnée, il envoie un ami chercher son amante qui, seule, peut le guérir. Celle-ci accourt, mais un tragique message d'Iseut aux blanches mains fait croire à Tristan que sa maîtresse a ignoré son appel. Il meurt avant l'arrivée d'Iseut qui le prend dans ses bras et succombe à son tour.

Tristan et Iseut : œuvres principales en français

Entre 1160 et 1170	Marie de France, *le Lai du Chèvrefeuille*
Entre 1165 et 1170	Béroul, *Tristan*
Vers 1170-1175	Thomas, *Tristan*
Vers 1175-1200	*Folie Tristan* de Berne
Vers 1175-1200	*Folie Tristan* d'Oxford
1230	*Tristan en prose* (première version)
1250	*Tristan en prose* (deuxième version)

LA « FOLIE TRISTAN » D'OXFORD
LA RECONNAISSANCE

• Tristan, déguisé en fou (voix et nom changés, visage maculé) divertit la cour du roi Marc et embarrasse Iseut par des allusions à leur amour.

• Introduit dans la chambre d'Iseut par Brengain, la suivante, Tristan, pour se faire reconnaître, évoque des souvenirs connus d'eux seuls. Il provoque chez Iseut un trouble profond mais, dit-elle, il est trop méconnaissable pour qu'elle voie en lui son amant. Il demande qu'on fasse venir le chien Hudent, qu'il a élevé, et qu'il avait offert à Iseut : Hudent lui fait fête ! Iseut blêmit et frémit.

• Puis Tristan montre à la reine l'anneau qu'elle lui donna. Elle n'y voit que la preuve de la mort de Tristan : comment, sinon, cet anneau serait-il en des mains étrangères ? Elle fond alors en larmes.

Vous remarquerez

• **La tension du récit**

→ Tristan voudrait être reconnu malgré son apparence et sa voix changée. Est-ce pour sonder l'intuition amoureuse d'Iseut ou pour prolonger le moment exquis de l'imminence des retrouvailles ?

→ L'auteur de ce récit sait bien que le plaisir du lecteur ou de l'auditeur est dans cette reconnaissance différée.

• **L'amour et l'humour**

→ Le récit dit le désir d'Iseut (« Se contenir ne sait comment »).

• **La saveur du concret**

→ L'amour courtois mêle l'idéalisme des sentiments aux gestes et aux objets quotidiens : les larmes, la sueur, l'eau, le visage souillé et lavé.

[Nous traduisons l'ancien français.]

Mais quand Tristan pleurer la voit
Pitié l'en prit, le décida.
Puis il lui dit : « Reine ma Dame,
Belle vous êtes, de corps et d'âme
Or je renonce à me masquer,
Mon corps, ma voix reconnaîtrez. »
Reprit sa véritable voix,
Iseut d'emblée s'en aperçoit,
Son cou entoure de ses bras,
Le visage, les yeux lui baisa.
Tristan à Brengain dit alors,
Que le moment réjouissait fort :
« De l'eau, belle, veux que tu m'apportes,

Me faut mon visage laver. »
Brengain revint avec de l'eau,
Son visage en lava bientôt ;
Le jus de l'herbe et la liqueur
Il enleva et la sueur ;
En sa propre forme revint.
Iseut entre ses bras le tint.
De son ami a telle joie,
Qu'elle le tient tout contre soi ;
Se contenir ne sait comment :
La nuit le gardera sûrement.
Elle dit qu'il aura bon hôtel
Et bon lit et bien fait et bel.
A Tristan rien d'autre plaira,
Avec Iseut demeurera.
Tristan heureux et réjoui
Sait bien qu'il aura un bon lit.

LE ROMAN DE RENART

(Entre 1170 et 1250)

Une œuvre collective

■ Le Roman de Renart n'est pas un roman à proprement parler, mais un vaste ensemble de récits rédigés en vers de huit syllabes, appelés octosyllabes. La plupart de ces récits sont anonymes.

■ De longueurs variables (de 300 à 3 000 vers), ils furent regroupés dans des parties indépendantes appelées *branches*. La totalité du *Roman de Renart* représente environ 25 000 vers.

La popularité de ces récits anonymes

■ Les récits mettant en scène des animaux étaient très populaires depuis l'Antiquité. Les personnages du *Roman de Renart* rencontrèrent un tel succès que l'animal nommé *goupil* au Moyen Âge prit le nom du personnage des récits, *Renart* (aujourd'hui : *renard*), et qu'on cessa d'employer l'ancien nom.

Une satire sociale

■ Le *Roman de Renart* se moque des chansons de geste et de la société du Moyen Âge. Son thème principal est l'éloge de la ruse contre la force brutale et stupide. On y voit, de manière comique, la bourgeoisie prendre sa revanche contre les seigneurs et les chevaliers qui la méprisent.

■ Les récits reproduisent les catégories sociales de l'époque : Renart est le bourgeois rusé ; le corbeau Tiercelin et le chat Tibert sont des gens d'Église pédants et cupides ; Grimbert le blaireau, Brun l'Ours et Ysengrin le loup sont les barons de l'entourage royal, avides et brutaux ; au sommet trône Noble, le lion ; au bas de l'échelle sociale s'activent les petites gens : le lièvre Couart, le mouton Belin, le limaçon Tardif, le coq Chanteclair et ses sœurs les poules Blanche, Noire et Roussotte.

La postérité de Renart

■ Divers auteurs, bien au-delà de 1250, continuèrent à composer de nouveaux récits. Mais Renart cesse d'y tendre des pièges ingénieux et amusants aux méchants et aux naïfs. Peu à peu il personnifie le mal, l'hypocrisie, la toute puissance de l'argent.

■ Renart survivra au Moyen Âge, dans les *Fables* de La Fontaine, au XVIIe siècle par exemple.

RENART ET YSENGRIN

• Cette ruse est l'une des plus célèbres de Renart, à laquelle se laisse prendre le loup Ysengrin.

Vous remarquerez

• **La poésie de l'hiver**

→ Elle naît non pas d'artifices littéraires (comparaisons, mots rares, etc.) mais de détails concrets et choisis : beauté du ciel, travaux gourmands (charcuterie et pêche), divertissements princiers ou modestes.

→ Présence discrète de la musique du vers (octosyllabes, assonances AA, BB, CC, etc.).

• **Les hommes et les bêtes**

→ Le récit rend naturel un univers étrange : des hommes, des animaux tels qu'ils sont dans la réalité (poissons pêchés, porc salé ; plus tard, les chiens de chasse).

→ Mais, dans le même espace, des animaux imaginaires, pourvus de sentiments humains, personnages invraisemblables que l'art du récit fait accepter.

• **La question de la cruauté**

→ La ruse réussie de Renart doit faire rire ou sourire.

→ Le lecteur moderne se demande si le sort cruel du loup doit inspirer de la pitié. Or, dans le *Roman de Renart*, Ysengrin représente un méchant seigneur et un être stupide ; nul, sans doute, au Moyen Âge, ne pensait à le plaindre.

[Nous traduisons l'ancienne langue en nous efforçant de rester fidèle au sens, à l'octosyllabe et aux assonances.]

C'était un peu avant Noël
Où l'on mettait bacon au sel *(= jambon)*,
Sous un ciel clair et étoilé.
Et le vivier était gelé
Où Ysengrin devait pécher ;
Gelé à y pouvoir danser ;
Une sorte de puits s'y trouvait
Que les paysans avaient fait
Ils y apportaient tous les soirs
Tout ce qu'il faut pour jouer et boire.
Un seau ils y avaient laissé.
Et là vint Renart sans tarder
Et son compère regarda :
« Sire, fait-il, voyez cela
L'endroit est rempli de poissons
Avec le seau nous pêcherons
Les anguilles et les barbeaux
Et d'autres poissons bons et beaux.
Ysengrin dit : « Sire Renart,
Prenons donc le seau sans retard
Attachez-le moi à la queue. »
Renart le prend, il fait un nœud,
Le fixe à la queue fermement :
« Frère, fait-il, à vous maintenant,
De très sagement vous tenir
Pour que poissons puissent venir. »
Renart se cache sous des rameaux
Entre ses pattes met son museau,
Il observe ce qui se passe.
Et Ysengrin est sur la glace
Et le seau est en la fontaine
Chargé de glaçons, quelle étrenne !
Et l'eau commence à se figer

Et le seau à beaucoup serrer
Celui dont la queue est nouée ;
De glace elle est bien entourée.
La queue trempe dans l'eau glacée
Et la glace l'y a scellée.
Ysengrin commence à souffrir
Voudrait le seau de l'eau sortir ;
Il s'y reprend à plusieurs fois,
Ne sait que faire, est en émoi.
Renart commence à l'appeler
Lui dit qu'il ne veut plus rester,
Que le jour déjà s'est levé.
Renart a la tête levé,
Le regarde, les yeux ouvre grand :
« Partons, dit-il, il en est temps,
Allons-nous en, beau doux ami,
Assez avons de poissons pris. »
Et Ysengrin de lui crier :
« Il y en a trop à soulever ;
Tant en ai pris ne sais que dire. »
Et Renart commença à rire,
Lui disant, en le regardant :
« Qui tout convoite est beau perdant ! »

• L'Aube paraît. On entend au loin les rumeurs d'une chasse à courre : le cor, les aboiements des chiens. Renart s'enfuit, se cache dans sa tanière. Malgré tous ses efforts, Ysengrin reste prisonnier de la glace. Les chiens de la meute l'attaquent ; le loup se défend avec vaillance. Le seigneur qui commande la chasse veut l'achever d'un coup d'épée, mais l'arme glisse et tranche la queue d'Ysengrin. Celui-ci, privé de sa queue, finira par échapper à la meute, jurant de se venger de Renart.

FRANÇOIS VILLON

(1431-*après* 1463)

Vie de François Villon

Le « mauvais enfant »

■ François Villon, de famille pauvre, orphelin de père, est recueilli par un prêtre parisien, qui lui donne son nom et fait de lui un diplômé en Sorbonne.

■ Mais l'étudiant a de mauvaises fréquentations et tourne mal. A vingt-quatre ans il tue un prêtre, au cours d'une rixe, à propos d'une femme. Il s'enfuit de Paris. Il y retourne l'année suivante, pardonné par le roi.

Poète cambrioleur

■ Nouvelle fuite quelques mois plus tard au cours de laquelle il cambriole un établissement religieux pendant la nuit de Noël. Il prétend avoir écrit cette nuit-là le *Lais*. En réalité, ces vers ont été composés juste avant ou après le vol, constituant ainsi un alibi : il aurait commis le méfait dans un état de demi-conscience.

Familier des princes et des truands

■ Pendant les quatre années qui suivent, il parcourt une partie de la France. Il passe un temps à Blois, près de Charles d'Orléans, qui transcrit quelques-uns de ses vers. Il se mêle ensuite à une bande de malfaiteurs, les Coquillards. En 1461, il fait encore un séjour en prison, à Meung-sur-Loire. Il est ensuite torturé dans une prison de l'évêque d'Orléans.

Le banni

■ Il effectue en 1463 un autre séjour en prison, à Paris cette fois. Il est libéré après avoir promis de rembourser le collège religieux qu'il a cambriolé. Mais, quelques jours plus tard, il est impliqué dans une bagarre au cours de laquelle un enquêteur est tué d'un coup d'épée.

- Villon est arrêté, torturé, condamné à « estre pendu et estranglé ». Il voit le jugement annulé, mais le tribunal le bannit, pour dix ans, de Paris et de ses environs. À ce moment, on perd alors définitivement sa trace ; il est alors âgé de trente-deux ans.

Œuvres de François Villon

1455 le Lais

1461 le *Grand Testament*, poèmes

LE GRAND TESTAMENT
ÉPITAPHE DE VILLON

Ballade des pendus

- Lors de sa première fuite de la capitale, Villon avait composé un *Petit Testament* en quarante strophes de huit syllabes, où il léguait ses biens de manière émouvante ou humoristique, à ses amis et à ses ennemis.
- En 1461, il écrit les 185 strophes d'un *Grand Testament*. Il y mêle des ballades écrites à différentes époques.
- La Ballade des pendus est considérée comme le chef-d'œuvre du poète et comme un des plus beaux et déchirants cris d'angoisse de notre littérature.

Vous remarquerez

- **Le raffinement de la construction**

→ Dans tout le poème, chaque vers correspond à une unité de sens. Mais au centre de la ballade (début de la deuxième strophe), une longue phrase enjambe quatre vers et marque l'émotion.

- **Le raffinement des rimes**

→ Ordre savant des strophes (ABABBCCDCD) ; la seconde moitié de chaque strophe et l'« envoi » sont en rimes féminines. Les rimes B et C, différentes, forment cependant une assonance en *i*.

→ Notez aussi la richesse de la rime en *-oudre*.

- **Le raffinement des rythmes**

→ Chaque strophe comprend dix vers de dix syllabes. Le rythme 4/6 domine le poème, à l'exception des premiers vers des strophes 2 et 3, respectivement 6/4 et 8.

- **Le raffinement du ton**

→ Le poème semble autobiographique, mais ce sont les pendus qui s'adressent aux passants et à l'humanité.

→ Le message moral et religieux n'exclut ni l'humour ni le pittoresque dans le tableau macabre.

→ L'éloquence de l'imploration évite toute grandiloquence (langue simple, pas d'étalage de savoir).

[Orthographe et langue modernisées]

Frères humains qui après nous vivez,
N'ayez les cœurs contre nous endurcis,
Car, si pitié de nous pauvres avez,
Dieu en aura plus tôt de vous mercis *(= pitié)*.
Vous nous voyez ci attachés cinq, six :
Quant à la chair que trop avons nourrie,
Elle est pieça *(= depuis longtemps)* dévorée et pourrie,
Et nous, les os, devenons cendre et poudre.
De notre mal personne ne s'en rie (1) ;
Mais priez Dieu que tous nous veuille absoudre *(= pardonner)* !

Si frères vous clamons (2), pas n'en devez
Avoir dédain, quoique fûmes occis *(= tués)*
Par justice. Toutefois vous savez
Que tous hommes n'ont pas bon sens rassis ;
Excusez-nous, puisque somme transis *(= morts)*,
Envers le fils de la Vierge Marie,
Que sa grâce ne soit pour nous tarie,

(1) Que personne ne s'en moque.
(2) Si nous vous appelons frères.

Nous préservant de l'infernale foudre.
Nous somme morts, âme ne nous harie[3],
Mais priez Dieu que tous nous veuille absoudre !

La pluie nous a bués *(= détrempés)* et lavés,
Et le soleil desséchés et noircis ;
Pies, corbeaux nous ont les yeux cavés *(= creusés)*,
Et arraché la barbe et les sourcils.
Jamais nul temps nous ne sommes assis *(= en repos)* ;
Puis ça, puis la, comme le vent varie,
A son plaisir sans cesse nous charrie,
Plus becquetés d'oiseaux que dés à coudre.
Ne soyez donc de notre confrérie ;
Mais priez Dieu que tous nous veuille absoudre !

Prince Jésus, qui sur tous a maîtrie[4],
Garde qu'enfer n'ait de nous seigneurie :
A lui n'ayons que faire ni que soudre[5]
Hommes, ici n'a point de moquerie ;
Mais priez Dieu que tous nous veuille absoudre !

(3) Que personne ne nous tourmente.
(4) Qui est notre maître à tous.
(5) (Fais que nous) n'ayons en rien affaire à lui (l'Enfer), ni rien à lui payer.

Le XVIe siècle

En matière d'art et de littérature, la France de la Renaissance vit sous l'influence de l'Italie en même temps qu'elle puise dans son héritage propre. Cet héritage inspire en architecture les châteaux de la Loire, en peinture l'École de Fontainebleau, et en musique la chanson « parisienne ». Mais l'essentiel de la poésie française et une part importante de la littérature narrative proviennent de modèles italiens, adaptés ou imités.

Le XVIe siècle

Repères historiques

La Renaissance

■ Aux XVe et au XVIe siècles, beaucoup de savants, d'écrivains, d'artistes redécouvrent les idées et les arts de l'Antiquité gréco-latine ; en même temps, ils abandonnent les habitudes intellectuelles et artistiques du Moyen Âge : c'est la Renaissance.

■ La Renaissance commence en Italie. La France y participe plus tard, surtout après 1515, sous l'influence du roi François Ier, que l'Italie avait ébloui, bien qu'il y fût allé pour guerroyer.

L'humanisme

■ L'une des causes de la Renaissance est l'invention de l'imprimerie, en 1455. Vers 1500, on peut acheter des livres imprimés dans quarante villes de France.

■ Les humanistes, le hollandais Érasme, le français Guillaume Budé, sont des savants qui lisent les textes de l'Antiquité en latin, en grec, voire en hébreu, ce que les érudits du Moyen Âge ne faisaient pas.

■ Ces nouvelles lectures réveillent l'esprit critique. À la pensée du Moyen Âge, entièrement tournée vers Dieu, succède une philosophie dont l'homme devient le centre. Selon les humanistes, l'homme peut atteindre un certain bonheur terrestre grâce à la connaissance, à la raison et au sens de la beauté.

La Réforme

■ La deuxième moitié du XVIe siècle est marquée par un conflit sanglant : les guerres de Religion qui opposent les catholiques aux protestants.

■ L'immoralité d'une partie du clergé, à la fin du Moyen Âge, scandalise beaucoup de catholiques. Par ailleurs, les humanistes traduisent la Bible en français, en allemand, en anglais : les textes saints sont désormais accessibles au plus grand nombre. L'esprit critique aidant, certains veulent écarter de la doctrine de l'Église et du culte tout ce que les théologiens du Moyen Âge avaient ajouté à l'Écriture Sainte.

■ Ainsi, l'autorité du pape faiblit. Le moine allemand Martin Luther (1483-1546) prône une religion où la foi importe plus que l'observance des rites. Luther est suivi, en France, par Jean Calvin (1509-1564). Luther, Calvin et leurs fidèles se séparent de l'Église catholique. Une nouvelle religion se forme en Europe du Nord, appelée luthéranisme, calvinisme, protestantisme, religion réformée.

Les guerres de religion

■ Dans la seconde moitié du XVIe siècle, le conflit entre catholiques et protestants dégénère en massacres et en combats sanglants : la régente de France, Catherine de Médicis est l'instigatrice du massacre de la Saint-Barthélémy (1572) au cours duquel des milliers de protestants sont tués. Il faudra attendre 1598 pour que la France retrouve la paix civile : le roi Henri IV reconnaît aux protestants la liberté de culte.

Repères Littéraires

La Pléiade : pour une poésie nouvelle

■ Du Bellay, Ronsard et cinq autres poètes forment, dans les années 1550, un groupe qu'ils nomment *La Pléiade*[1]. Ces poètes veulent donner à la langue française le souffle d'une grande littérature à l'imitation des Anciens, comme les Italiens ont réussi à le faire.

■ Pour cela, ils proposent d'enrichir la langue par des vieux mots, des mots dialectaux, des mots techniques, des mots nouveaux. Ils se proposent aussi d'enrichir le style en s'inspirant de la syntaxe latine et de l'ancienne rhétorique. Pour du Bellay, auteur de leur manifeste (la *Défense et Illustration de la langue française*), l'imitation est l'art « de bien suivre les vertus d'un bon auteur et quasi comme se transformer en lui. »

Le succès des contes

■ Le genre du conte rencontre un succès énorme au XVIe siècle. Le plus célèbre recueil est celui de Marguerite de Navarre, sœur de François Ier. Elle l'intitule *Heptaméron*, ce qui signifie *sept journées* en grec (l'italien Boccace avait écrit un *Décaméron*). On y découvre cinq hommes et cinq femmes qui, empêchés de poursuivre leur voyage, se réfugient dans une abbaye, se racontent des histoires vraies et en débattent. Sous l'appa-

1. La Pléiade est un ensemble de six étoiles (les Anciens en comptaient sept) visibles dans la constellation du Taureau. Un groupe de poètes grecs avait déjà adopté ce nom.

rence de récits scabreux, Marguerite de Navarre propose une analyse détaillée de la complexité du cœur humain.

La réflexion sur l'homme

■ Trois événements incitent certains écrivains à réfléchir sur la condition humaine : la découverte du Nouveau Monde, la découverte, par Copernic de la rotation de la terre autour du soleil et le protestantisme. Cette réflexion sur l'homme a produit l'un des chefs-d'œuvre de la littérature française : les *Essais* de Montaigne.

Le XVIe siècle

LES RÈGNES

- 1515 François Ier 1547
- 1547 Henri II 1559
- 1560 Charles IX 1574
- 1574 Henri III 1589
- 1589 Henri IV

LES ÉVÉNEMENTS

- 1483 Martin Luther, fondateur du protestantisme 1556
- 1560 Guerres de religion 1598

LES ÉCRIVAINS

- **1494 Rabelais 1553**
- **1522 Du Bellay 1560**
- **1524 Ronsard 1585**
- **1533 Montaigne 1592**

FRANÇOIS RABELAIS

(1494?-1553)

Vie de Rabelais

Un moine savant

■ François Rabelais naît en Touraine, sur le domaine familial. Son père est un avocat aisé. Nous ne savons rien ni de son enfance, ni de son adolescence. Vers 1520, à vingt-six ans, il est moine en Poitou. Il apprend le grec ancien pour lire, dans le texte original, le Nouveau Testament. L'Église est hostile à cette pratique et son monastère lui confisque, un temps, ses livres grecs.

■ Cinq ans plus tard, il passe dans l'ordre des Bénédictins, favorable aux études érudites.

Rabelais médecin

■ Vers 1527, Rabelais quitte, sans permission, l'habit de moine. Il devient étudiant à Bordeaux, Toulouse, Orléans et Paris.

■ En 1530, il entreprend des études de médecine à Montpellier. Rapidement, il enseigne cette science. En 1532, il exerce à l'hôpital de Lyon.

Des œuvres condamnées

■ Presque jusqu'à sa mort, Rabelais vivra en exerçant la médecine. Le cardinal Jean du Bellay (l'oncle du poète Joachim du Bellay), ambassadeur du roi de France à Rome, s'attache ses services et Rabelais le suit pour de longs séjours en Italie. Il continue à enseigner la médecine. Il est parmi les premiers à pratiquer des dissections de cadavres.

■ Par ailleurs, il publie des ouvrages de médecine et de droit. Il publie aussi des récits burlesques et satiriques, qui n'épargnent ni la Justice, ni la Sorbonne, où l'on enseigne la théologie. L'auteur n'échappe aux sanctions des tribunaux ecclésiastiques que grâce à la protection du cardinal du Bellay. Les verdicts de l'Église étaient alors sévères : l'année même de la publication du *Tiers livre*, l'imprimeur humaniste Étienne Dolet est condamné à mort pour hérésie et athéisme.

Le pardon du Pape

■ En 1538, le pape lui pardonne d'avoir quitté l'habit de moine. Grâce au cardinal du Bellay, il est nommé curé de deux paroisses ; il en perçoit les revenus sans y exercer de ministère, comme il était alors fréquent. Rabelais meurt à Paris l'année suivante.

Œuvres de Rabelais

1532	*Pantagruel*, récit
1534	*Gargantua*, récit
1546	*le Tiers livre*, récit
1552	*le Quart livre*, récit
1564	*le Cinquième livre*, récit (publication posthume)

GARGANTUA

XXVII

• En 1532, alors qu'il est médecin à Lyon, Rabelais publie, sous un pseudonyme un récit en prose intitulé *les Horribles et épouvantables faits et prouesses du très renommé Pantagruel*.

• Pantagruel, bébé géant, est doué d'un appétit énorme. Adolescent, il visite les universités de France, se moque du latin des étudiants. Il ridiculise aussi le jargon de la justice médiévale.

• Son Père, Gargantua, dans une belle lettre, lui demande d'apprendre les langues anciennes et d'acquérir un vaste savoir humaniste ; mais il ajoute que « science sans conscience n'est que ruine de l'âme » : le savoir sans la morale mène l'homme à sa perte.

• Devant le succès de *Pantagruel*, Rabelais publie deux ans plus tard *la Vie très horrifique du Grand Gargantua, père de Pantagruel.* L'auteur retrace donc la vie du père après la vie du fils. Il décrit avec une verve réaliste jusqu'à la grossièreté les occupations du bébé géant et son habillement ; il fait ensuite le récit de son éducation. Un grand docteur « sorbonicquard » lui fait apprendre par cœur, à l'envers et à l'endroit, les règles de la grammaire et les principes de la morale. Subissant cette caricature de l'enseignement médiéval, le jeune géant en « devenait fou, niais, tout rêveux et rassoté *(= rendu sot).* »

• Bientôt Gargantua doit rentrer en Touraine pour défendre les terres paternelles que le roi voisin, Picrochole, vient d'envahir. Au cours de la « guerre picrocholine », un moine, Frère Jean des Entommeurs, qui préfère le service « du vin » au service « divin », sauve les vignes de son abbaye, menacées de pillage.

Vous remarquerez

• **La parodie**

→ parodie de l'épopée et de la chanson de geste : des exploits guerriers, surhumains, mais racontés ici de manière comique.

→ Frère Jean est un personnage pittoresque, trop caricatural pour contribuer à une satire sérieuse des gens d'Église.

→ parodie des Croisades : les croisés étaient parfois des moines-soldats mais frère Jean ne combat pas ici pour la croix, il combat à coups de croix ! Rabelais s'amuse à scandaliser les esprits pieux et conformistes.

• **Le moine massacreur**

→ Il ne s'agit pas d'une caricature antireligieuse. Rabelais n'est pas un ennemi de l'Église, même s'il n'hésite pas à se moquer des ridicules de certains prêtres et théologiens.

→ Pendant l'attaque, les autres moines tremblent et bredouillent des prières, tandis que Frère Jean brille aux exercices du corps et montre un grand courage physique. Ce contraste rappelle l'idéal humaniste, qui prône l'équilibre du corps et de l'esprit.

- **Le comique et l'atroce**

→ Le comique tient à l'exagération et à l'emploi d'un vocabulaire anatomique dont les lecteurs devinent le sens plus qu'ils ne le comprennent : les mots « sonnent » savants et étranges alors que les blessures sont bien réelles et sanglantes.

→ Le comique tient aussi à l'absence de tout jugement moral, de toute marque d'affectivité : ce massacre à l'état pur, dédramatisé par le comique, offre au lecteur l'occasion d'un obscur « défoulement ».

[Frère Jean des Entommeurs[1]] mit bas son grand habit, et se saisit du bâton de la croix, qui était de cœur de cormier, long comme une lance, rond à plein poing. Et (...) donna si brusquement sur les ennemis qui, sans ordre ni enseigne, ni trompette ni tambourin, parmi le clos vendangeaient. (...) Des uns écrabouillait la cervelle, des autres rompait bras et jambes, des autres délogeait les spondyles *(= vertèbres)* du cou, des autres démoulait les reins, avalait le nez, pochait les yeux, fendait les mandibules, enfonçait les dents en la gueule, décroulait les omoplates, sphacelait les grèves *(= meurtrissait les jambes)*, dégondait les ischies *(= déboîtait les hanches)*, débezillait les faucilles *(= rompait les bras)*. Si quelqu'un se voulait cacher entre les ceps plus épais, à icelui froissait toute l'arrête du dos, et l'érénait *(= lui brisait les reins)* comme un chien. Si aucun se voulait sauver en fuyant, à icelui faisait voler la tête en pièces par la commissure lambdoïde[2]. (...) Et si personne tant fut épris de témérité qu'il lui voulût résister en face, là il montrait la force de ses muscles. Car il leur transperçait la poitrine par la médiastine[3] et par le cœur. (...) À d'autres, passant entre les côtes, leur subvertissait *(= retournait)* l'estomac, et mouraient soudainement. Des autres, tant fièrement frappait par le nombril qu'il leur faisait sortir les tripes. Des autres parmi les couillons perçait le boyau culier *(= les intestins)*. Croyez que c'était le plus horrible spectacle qu'on vit oncques *(= jamais)*.

(1) Entommeur : l'origine grecque de ce nom évoque le hachis.
(2) La suture du crâne dont la forme est celle de la lettre grecque lambda.
(3) Membrane qui divise en deux la poitrine.

JOACHIM DU BELLAY

(1522-1560)

Vie de Du Bellay

Un enfant délaissé

■ Les parents de Joachim du Bellay appartiennent à la branche la plus pauvre d'une famille illustre du XVIe siècle, dont le château est situé aux confins de l'Anjou et de la Bretagne. Son père et sa mère meurent avant ses dix ans.

■ Son frère aîné, à qui il est confié, ne s'occupe guère de lui. Il vit au contact de la nature, bien qu'il soit souvent malade.

Humanisme et poésie

■ En 1545, il entreprend des études de droit à l'université de Poitiers. Il y fréquente des humanistes, passionnés de poésie. L'année suivante, il rencontre Ronsard et tous deux s'inscrivent, à Paris, au Collège de Coqueret, où l'on enseigne le grec, le latin et l'italien. Joachim devient un excellent latiniste. Il publie alors des poésies ainsi qu'une *Défense et illustration de la langue française*[1].

■ Mais le frère de Joachim meurt en 1551 et les soucis d'une succession embrouillée accablent le poète. Surmené, il tombe malade, probablement de tuberculose et commence à devenir sourd, comme Ronsard.

L'Italie

■ En 1553, Joachim accompagne le cardinal Jean du Bellay pour une mission diplomatique en Italie.

■ Il est amèrement déçu par l'hypocrisie, l'ambition, les mœurs déplaisantes qui règnent à la cour de Rome. Et il ressent de plus en plus violemment, la nostalgie du pays natal.

1. Voir p. 35.

Retour en France

- Il regagne enfin Paris en 1557 et publie en 1558 deux recueils de poèmes écrits à Rome, ses deux chefs-d'œuvre, *les Antiquités de Rome* et *les Regrets*.
- En France, il tente de s'imposer comme poète à la cour. Des affaires de famille et d'argent continuent de le tourmenter. Sa surdité augmentant, il ne peut plus communiquer que par écrit. Il meurt en écrivant des vers, à l'âge de trente-sept ans.

Œuvres de Du Bellay

1549 *Défense et illustration de la langue française*

1558 *les Regrets*, poésie

LES REGRETS

XXXI

- *Les Regrets* dépeignent, à la manière d'un journal de voyage, le climat de Rome et les mœurs corrompues de la cour pontificale. Du Bellay, satirique, utilise la caricature pour dépeindre ceux qu'il croise dans les galeries du Vatican.
- Cependant, la tonalité la plus frappante des *Regrets* est celle de la nostalgie. Du Bellay se sent exilé à Rome et regrette la France et, dans un sonnet célèbre, il dit combien il aimerait regagner l'Anjou, sa petite patrie.
- La forme privilégiée par Du Bellay est le sonnet, beaucoup pratiqué en Italie : deux quatrains et deux tercets.

Vous remarquerez

- **La transparence du poème**

→ Une syntaxe très simple (pas d'inversion poétique).

→ Un sentiment évident : la nostalgie du pays natal.

- **Une image du bonheur**

→ Un idéal de vie simple et sédentaire.
→ La distinction entre le temps des voyages formateurs et le temps de la paix.
→ Le bonheur particulier du retour.

- **La force des contrastes**

→ Entre les deux quatrains : le ton épique du premier, la simplicité presque prosaïque du second.
→ Dans le premier tercet : les deux antithèses « architecturales ».
→ Dans le second tercet : les trois antithèses « géographiques ».

Heureux qui, comme Ulysse, a fait un beau voyage[1],
Ou comme cestui-là qui conquit la toison[2],
Et puis est retourné, plein d'usage *(= expérience)* et raison,
Vivre entre ses parents le reste de son âge *(= vie)* !

Quand reverrai-je, hélas ! de mon petit village
Fumer la cheminée, et en quelle saison
Reverrai-je le clos de ma pauvre maison,
Qui m'est une province, et beaucoup davantage ?

Plus me plaît le séjour qu'on bâtit mes aïeux
Que des palais romains le front audacieux ;
Plus que le marbre dur me plaît l'ardoise fine,

Plus mon Loire[3] gaulois que le Tibre latin,
Plus mon petit Liré[4] que le mont Palatin
Et plus que l'air marin[5] la douceur angevine.

*(1) Ulysse, héros de l'*Odyssée *d'Homère, poursuivi par la haine de Neptune, voyagea dix ans en Méditerranée pour regagner son royaume, en Grèce.*
(2) Jason, héros de la mythologie grecque. Héritier détrôné d'un royaume de Grèce, Jason se rend en Asie mineure pour en rapporter la Toison d'or (une toison de bélier ailé gardée par un dragon), qui lui permettra de retrouver son trône.
(3) En latin, Loire (Liger) *est du genre masculin.*
(4) Village natal de Du Bellay.
(5) L'« air marin » est celui du voyage ou de la conquête du monde.

PIERRE DE RONSARD

(1524-1585)

Vie de Ronsard

Un page à la cour

- La famille de Pierre de Ronsard est de vieille noblesse. Né dans le château paternel, en Touraine, il y passe ses premières années, en pleine nature.
- À douze ans, il devient page à la cour, séjourne en Écosse dans la suite d'une fille de François Ier, puis en Allemagne auprès d'un cousin diplomate, humaniste et poète.

La pléïade

- À son retour en France, âgé de quinze ans, une grave maladie le laisse « demi-sourd » : il entend encore la musique, mais doit renoncer à devenir diplomate ou officier.
- À dix-neuf ans, il entreprend de sérieuses études humanistes : il sera capable de lire couramment le grec, le latin et l'italien. Il partage avec les autres poètes de la « Pléiade »[1] et notamment avec son ami du Bellay, le projet de bien connaître les artistes qui pratiquèrent ces langues et de rivaliser avec eux en français. Au même moment, il reçoit la tonsure, non pour devenir prêtre, mais pour vivre du revenu de plusieurs propriétés de l'Église.

Le prince des poètes

- Fêté par la Cour, il devient pendant les règnes de Henri II et de Charles IX, le « prince des poètes ». Au début des Guerres de Religion, il prend parti, dans des *Discours* en vers, pour le roi et la foi catholique.
- Mais la vie de Ronsard s'assombrit. En 1572, il publie le début d'une épopée, *la Franciade*, où il se propose de raconter la fondation de Paris

1. Voir p. 35.

et la naissance de la monarchie française. C'est un insuccès. En outre, alors que le poète atteint la cinquantaine, le nouveau roi, Henri III, préfère la poésie plus facile de Desportes.

■ Ronsard séjourne alors le plus souvent en Touraine, dans son domaine. Il y compose encore des poésies pour la cour, travaille à l'édition de ses œuvres complètes. Il meurt à soixante et un ans. On lui fait des funérailles officielles.

■ De son vivant, Ronsard fut lu et admiré de l'Europe entière. Le XVIIe siècle l'oublia avant que les romantiques, au XIXe, ne lui redonnent sa place.

Œuvres poétiques de Ronsard

1550-1552	*Odes*
1552	*Amours de Cassandre*
1555	*Amours de Marie*
1555-1564	*Hymnes*
1562-1563	*Discours*
1572	*la Franciade*
1578	*Sonnets pour Hélène*

ODES

Ode à Cassandre

I, 17

• À l'origine, l'ode était un poème destiné à être chanté. Elle devint ensuite une pièce poétique assez longue, constituée de strophes identiques sur un rythme régulier.

• Les premières odes de Ronsard regorgent d'images tirées de la mythologie antique, images trop savantes pour la plupart de ses lecteurs. Elles rencontrent pourtant le succès, parce que le ton est nouveau et que le jeune poète est bien en cour.

Mais Ronsard s'aperçoit vite que l'érudition ennuie son public et que l'éloge des grands personnages ne l'émeut pas beaucoup. Il compose alors des odes sur des sujets plus simples, plus intimes, en évitant les références savantes.

• Parmi ces odes d'un ton nouveau, plus abordable, certaines sont restées célèbres. C'est le cas de l'*Ode à Cassandre*. En 1545, Ronsard rencontre lors d'une fête de cour la fille d'un banquier italien, Cassandre Salviati ; il a vingt ans, elle en a treize. L'année suivante, elle sera mariée à un seigneur français.

Vous remarquerez

• **La musicalité**

→ Trois strophes de six octosyllabes.

→ Chaque strophe rime selon le schéma AABCCB : même équilibre des deux moitiés. le retour de la rime B clôt chaque strophe.

→ Adroit déplacement du mot *Mignonne* au début de chaque strophe.

• **L'unité**

→ Toute l'ode est un discours à la Dame.

→ Une seule comparaison court tout au long du poème : Cassandre est pareille à la rose.

→ Unité rythmique : Ronsard divise chaque strophe en deux parties égales pour le sens et pour la grammaire.

• **La simplicité**

→ Simplicité du vocabulaire : aucun mot rare (pour les lecteurs du XVIe siècle).

→ Une comparaison transparente entre la fleur et Cassandre.

→ Simplicité de l'invitation amoureuse : « cueillez votre jeunesse ».

Mignonne, allons voir si la rose
Qui se matin avait déclose *(= ouvert)*
Sa robe de pourpre au soleil,
A *(= n'a)* point perdu cette vesprée *(= ce soir)*
Les plis de sa robe pourprée,
Et son teint au vôtre pareil.

Las *(= hélas)* ! Voyez comme en peu d'espace *(= en peu de temps)*
Mignonne, elle a dessus la place,
Las, las ses beautés laissé choir *(= tomber)* !
O vraiment marâtre Nature[1],
Puisqu'une telle fleur ne dure
Que du matin jusques au soir !

Donc, si vous me croyez mignonne,
Tandis que votre âge fleuronne *(= fleurit)*
En sa plus verte nouveauté,
Cueillez, cueillez votre jeunesse :
Comme à cette fleur la vieillesse
Fera ternir votre beauté.

(1) Nature, mauvaise mère.

MICHEL DE MONTAIGNE

(1533-1592)

Vie de Montaigne

Une éducation moderne

■ Michel de Montaigne est issu d'une famille de riches négociants bordelais. Son père, Pierre Eyquem, anobli en 1519, sera maire de Bordeaux en 1554, alors que son fils a vingt et un ans.

■ Selon les idées modernes, Pierre Eyquiem fait enseigner le latin à Michel par la méthode active : son précepteur ne lui parle qu'en latin. Michel entre ensuite au collège à Bordeaux, devient étudiant en philosophie puis, à Toulouse, en droit.

Montaigne et La Boétie

■ À vingt et un ans, il devient magistrat à Périgueux puis à Bordeaux. Au Parlement de Bordeaux, il se lie d'amitié avec son collègue Etienne de La Boétie : de trois ans son aîné, La Boétie, esprit précoce et profond avait rédigé, à l'âge de dix-huit ans, un remarquable essai sur la tyrannie. Il initie Montaigne au stoïcisme. La mort de La Boétie, en 1563, prive Montaigne d'une amitié unique, d'une qualité inexprimable : « si on me presse de dire pourquoi je l'aimais, je sens que cela ne se peut exprimer qu'en répondant : "Parce que c'était lui, parce que c'était moi" ».

La retraite et les *Essais*

■ Montaigne se rend à Paris en 1559 et en 1561 où ses ambitions politiques sont rapidement déçues. À trente-deux ans, en 1565, il se marie et cinq ans plus tard, il quitte sa charge au Parlement de Bordeaux.

■ À l'âge de trente-huit ans, il décide de se retirer sur ses terres. Il commence alors à rédiger les *Essais* et prend pour devise : « Que sais-Je ? ». En 1580, à Bordeaux, paraît la première édition des *Essais*.

Voyage en Europe

■ Souffrant, il décide, en 1580, de séjourner dans les stations thermales les plus réputées d'Europe. Après être passé par Paris pour présenter ses *Essais* à Henri III, il séjourne à Plombières, dans les Vosges, à Baden en Suisse, visite Munich ; puis il passe en Italie, séjourne à Rome et à Lucques, en Toscane. C'est là qu'il apprend son élection à la mairie de Bordeaux.

■ Il rapporte de ce périple un intéressant *Journal de voyages*, riche de toutes ses observations.

Le maire de Bordeaux

■ Maire de Bordeaux de 1581 à 1585, atteignant la cinquantaine, Montaigne se montre habile diplomate dans le conflit religieux.

■ Au cours de l'été 1585, alors qu'il est sur le point de quitter ses fonctions, la peste éclate dans la ville, d'où il est absent. Il juge inutile d'y rentrer pour présider, selon l'usage, à l'élection de son successeur. Mais l'épidémie gagne ses terres, et il doit fuir avec les siens.

Retour aux essais

■ Le calme revenu, il prépare une édition augmentée des *Essais*, qui sera publiée en 1588.

■ Quand il meurt, en 1592, il laisse un exemplaire de son livre, enrichi de nombreuses corrections et additions. C'est d'après cet exemplaire que sont établies les éditions modernes des *Essais*.

Œuvres de Montaigne

1580 *Essais*, première édition (Livres I et II)

1588 *Essais*, cinquième édition (augmentée d'un IIIe Livre)

1595 *Essais*, édition posthume, augmentée de nombreuses additions et corrections de Montaigne, postérieures à 1588

ESSAIS

I, 26

- Les *Essais* sont un autoportrait de Montaigne. Il déclare écrire pour laisser un souvenir de lui à ses proches ; mais il estime avoir profité lui-même de cette entreprise, pour mieux se connaître et même, pense-t-il, ce livre peut être utile à tout homme car « chaque homme porte en lui la forme entière de l'humaine condition. »
- Il raconte peu les événements de sa vie : son propos est plutôt de mettre à l'épreuve son jugement sur une multitude de sujet, sans prétendre apporter un savoir au lecteur. Il ne se soucie pas, d'ailleurs, de mettre de l'ordre dans son livre.
- Pourtant les *Essais* traduisent une conception de l'homme parfaitement ferme. Au-delà de l'être social, Montaigne s'intéresse au moi profond, à ce qu'il appelle « l'arrière-boutique » et il est sensible aux changements permanents de ce moi profond : « je ne peins pas l'être, écrit-il, je peins le passage. »
- Humaniste, élevé lui-même de manière originale, Montaigne s'intéresse à l'éducation. Celle-ci doit moins tendre, selon lui, à charger la mémoire des enfants qu'à les rendre capable de former leur jugement en toute indépendance d'esprit.
- Voici, dans l'extrait qui suit, une consigne essentielle qu'il conseille aux parents de donner à celui qui éduquera leur enfant.

Vous remarquerez

- **Un idéal d'autonomie de la personne**

→ Montaigne veut favoriser la liberté du jugement de chacun.

→ La comparaison avec les abeilles indique que les lectures sont moins destinées à l'accroissement du savoir qu'à la formation naturelle du jugement.

- **Un scepticisme modéré**

→ La devise de Montaigne n'est pas « Je ne sais rien » mais « Que sais-je ? ».

- **Un refus de l'« argument d'autorité »**

→ L'« argument d'autorité » consiste à imposer une opinion en raison de son ancienneté et du prestige de celui qui l'a formulée.

→ Pour Montaigne, le jugement l'emporte sur la mémoire. Lui-même disait avoir mauvaise mémoire.

[Orthographe modernisée]

Qu'il lui fasse tout passer par l'étamine[1] et ne loge rien en sa tête par simple autorité et à crédit ; que les principes d'Aristote[2] ne lui soient pas principes non plus que ceux des stoïciens[3] ou épicuriens[4]. Qu'on lui propose cette diversité de jugements : il choisira s'il peut, sinon il demeurera en doute. Il n'y a que les fous certains et résolus (…). Car s'il embrasse les opinions de Xénophon[5] et de Platon[6] par son propre discours, ce ne seront plus les leurs, ce seront les siennes. Qui suit un autre, il ne suit rien. Il ne trouve rien, voire il ne cherche rien. « Nous ne vivons pas sous un roi ; que chacun dispose de soi-même ».[7] Qu'il sache qu'il sait, au moins. Il faut qu'il emboive *(= qu'il s'imprègne de)* leurs humeurs, non qu'il apprenne leurs préceptes. Et qu'il oublie hardiment, s'il veut, d'où il les tient, mais qu'il se les sache approprier. La vérité et la raison sont commune à un chacun, et ne sont non plus à qui les a dites premièrement qu'à qui les dit après. Ce n'est non plus selon Platon que selon moi, puisque lui et moi l'entendons et voyons de même. Les abeilles pillottent deçà delà les fleurs, mais elles en font après le miel, qui est tout leur ; ce n'est plus thym ni marjolaine : ainsi les pièces empruntées d'autrui, il les transformera et confondra, pour en faire un ouvrage tout sien, à savoir son jugement.

(1) *Tissu servant à filtrer.*
(2) *Philosophe du savoir (Grèce, IVe siècle avant J.-C.).*
(3) *Dans l'Antiquité, philosophes de la maîtrise de soi.*
(4) *Dans l'Antiquité, philosophes matérialistes, qui proposent comme suprème bien l'absence de douleur.*
(5) *Historien, essayiste et chef militaire grec (Grèce, V^e-IVe siècle avant J.-C.)*
(6) *Philosophe idéaliste, disciple de Socrate (Grèce, V^e-IVe siècle avant J.-C.).*
(7) *Citation (que Montaigne fait en latin) du philosophe stoïcien Sénèque (v. 4 avant J.-C.-65 après J.-C.).*

Le XVIIe siècle

Dans les lettres et les arts, le XVIIe siècle se détache peu à peu de l'influence italienne qui dominait le siècle précédent. Louis XIV impose un style français en architecture et en peinture. En sculpture, les modèles sont ceux de l'antiquité grecque et romaine, en musique règne la concurrence du style français et du style italien. Les écrivains délaissent peu à peu le baroque, d'origine italienne, pour un classicisme inspiré directement des modèles antiques.

Le XVIIe siècle

Repères historiques

■ À la fin du XVIe siècle, la France, déchirée par les guerres de Religion souhaite un retour à la paix et à l'ordre. Le roi Henri IV puis le cardinal de Richelieu, grand ministre de Louis XIII, renforcent le pouvoir royal.

■ Louis XIV, qui prend le pouvoir en 1661, règne en monarque absolu. Il s'installe à Versailles en 1672, faisant de l'immense château le symbole de sa puissance. En 1685, il reprend la persécution contre les protestants dont beaucoup émigrent à l'étranger. Sa mort, en 1715, marque la fin du siècle de Louis XIV et le début du « siècle des Lumières ».

Repères littéraires

La littérature baroque

■ Entre 1580 et 1640 environ, le goût baroque règne sur une grande partie de la littérature française. Des poètes comme Jean de Sponde, Agrippa d'Aubigné, Antoine de Saint-Amant, Théophile de Viau n'hésitent pas devant les images et les comparaisons fortes, les contrastes. Ils sont sensibles à l'inconstance, à la confusion, à la vanité du monde. Le spectacle de la mort les fascine, le clair-obscur les séduit. Les personnages de romans, notamment ceux de l'*Astrée* d'Honoré d'Urfé, poursuivent infatigablement des amours incertaines. Corneille dans *l'Illusion comique*, prend le spectateur au piège de la ressemblance du réel et de l'illusoire.

La préciosité

■ La préciosité fut un phénomène social autant que littéraire. Il s'agissait d'introduire dans les mœurs et dans les œuvres un raffinement nouveau. Depuis le début du siècle, des femmes de la haute société parisienne reçoivent dans leur « salon » (salon de Mme de Rambouillet, salon de Mlle de Scudéry) une société choisie de gens d'esprits, d'artistes, de savants. On n'y tient compte ni du titre de noblesse, ni du sexe ni de l'âge, mais seulement des qualités personnelles et des belles manières.

■ La préciosité pratique des jeux littéraires sans prétention, mais où les nuances du sentiment et du langage doivent rivaliser de subtilité. Certaines précieuses perdent le sens de la mesure et tombent dans le ridicule ; Molière les moquera. Mais les grands classiques, Corneille, La Fontaine, Racine, Molière lui-même, doivent au courant précieux leur langue exacte et souple, capable de traduire toutes les finesses du sentiment.

Le classicisme

■ Le goût classique produit les chefs d'œuvre de la seconde moitié du siècle. Se détournant de la confusion baroque et de la coquetterie précieuse, les classiques reviennent aux modèles antiques et choisissent la clarté : l'âme humaine est transparente, les passions sont universelles. L'exercice de la raison permet, par le moyen d'un style sobre, d'en rendre exactement compte. Publié en 1674, l'*Art poétique* de Boileau résume les principes de l'art classique.

■ Ces principes s'imposent au théâtre en particulier. Ainsi, l'auteur d'une tragédie doit faire tenir une action unique en vingt-quatre heures, devant un seul décor : c'est la règle dite « des trois unités », unité de temps, d'action et de lieu. Il s'y ajoute une obligation de bienséance : pas de coup, pas de sang, pas de baiser sur scène. Il existe enfin une obligation de vraisemblance : la vraisemblance est ce que le public est disposé à admettre pour vrai, compte tenu du contexte (dans la tragédie, par exemple, l'intervention du surnaturel dans le dénouement est admise comme vraisemblable).

Le rationalisme et le libertinage

■ Le XVIIe siècle, dans une certaine mesure, inaugure le règne de la « raison ». Descartes propose que la raison exerce un contrôle méthodique sur toute vérité. Mais ce « doute méthodique » ne s'exerce pas en matière de religion : la raison, en effet, est elle-même une création de Dieu ; et par elle, selon Descartes, Dieu donne à l'homme la conscience de son imperfection.

■ Un autre courant de pensée, le libertinage érudit[1], traverse le XVIIe siècle et annonce l'athéisme de certains philosophes des Lumières : les libertins du XVIIe siècle critiquent la Bible, condamnent les religions, nient l'existence de Dieu, croient en la Nature et pensent que l'homme doit rechercher le bonheur dans sa vie et non le Salut dans l'Éternité.

1. Il faut distinguer le « libertinage érudit », du « libertinage » au sens courant, qui désigne la liberté des mœurs.

le XVIIe siècle

Les Anciens et les Modernes

■ L'actualité littéraire, dans la seconde moitié du siècle est, parfois, animée par les épisodes de la « Querelle des Anciens et des Modernes ». Les « Anciens », Boileau, La Fontaine, La Bruyère considèrent que les écrivains de l'Antiquité ont atteint la perfection et que nous atteindrons le beau en les imitant. Les « Modernes », notamment Perrault, l'auteur des *Contes*, pensent que l'humanité et les arts sont en progrès perpétuels. À génie égal, ils donnent l'avantage aux auteurs modernes.

Le XVIIe siècle

LES RÈGNES

Henri IV
1610 Louis XIII 1643
1643 Louis XIV 1715

LES ÉVÉNEMENTS

1610 Assassinat d'Henri IV

1635 Fondation de l'Académie Française

1664 Arrestation de Fouquet

1685 Révocation de l'Édit de Nantes

LES ÉCRIVAINS

1596 DESCARTES 1650
1606 CORNEILLE 1684
1621 LA FONTAINE 1695
1622 MOLIÈRE 1673
1623 PASCAL 1662
1634 Mme de LA FAYETTE 1693
1639 RACINE 1699

RENÉ

DESCARTES

(1596-1650)

Vie de Descartes

Une jeunesse studieuse

■ Fils d'un conseiller au Parlement de Bretagne, René Descartes naît à La Haye (en Touraine), étudie les classiques chez les Jésuites puis le droit à Poitiers. Il s'intéresse aux mathématiques.

■ À vingt ans, licencié en droit, il décide de s'instruire dans « le livre du monde ».

Une période itinérante et mondaine

■ Il mène alors une vie itinérante sous l'uniforme hollandais puis bavarois. De vingt à trente-trois ans, il parcourt la Hollande, l'Allemagne, la Suisse, l'Italie, la France.

■ Dans les trois dernières années de cette période, il séjourne à Paris, se mêle à la bonne société, se bat en duel, lit des romans.

Génèse d'un système philosophique

■ Mais il a commencé depuis longtemps une réflexion philosophique et pense avoir trouvé une méthode universelle pour la recherche de la vérité.

■ Il l'expose, en 1628, devant un public choisi qui l'encourage à réformer la philosophie.

Installation en Hollande

■ Afin de travailler librement, loin de la censure religieuse, il s'installe en Hollande, où il restera vingt ans, de trente-trois à cinquante-trois ans. Il compose deux ouvrages, un de métaphysique et un de physique . Tous deux s'appuient sur l'idée du mouvement de la Terre. La condamnation de Galilée par l'Inquisition le dissuade de les publier.

▪ Un essai sur la connaissance, le *Discours de la méthode*, paraît en 1637. De manière inhabituelle en ce temps, Descartes l'a rédigé non en latin mais en français. Il retourne au latin pour exposer ses *Principes de la philosophie* qui paraissent en 1644. Il publie par ailleurs des ouvrages de physique et de mathématique, s'intéressant aussi à la morale dans le *Traité des Passions de l'âme*, qui paraît en 1649.

Descartes en Suède

▪ Ses travaux philosophiques et scientifiques se diffusent non seulement par ses livres mais aussi par la vaste correspondance qu'il entretient avec toute l'Europe savante. Invité par la reine Christine de Suède, il gagne Stockolm en 1649.

▪ Le climat lui nuit, ainsi que les séances de travail très matinales que lui impose la souveraine. Il prend froid et meurt à cinquante-quatre ans. Ses restes seront ramenés en France dix-sept ans plus tard, mais dans la discrétion : pour les esprits religieux, le cartésianisme reste suspect.

La méthode de Descartes

▪ L'influence de Descartes provient, en partie, de son audace d'avoir rédigé en français, et non en latin, une partie de son œuvre. Il a ainsi contribué à mettre en forme la prose classique. Mais il a mis aussi en forme l'esprit classique, marqué par le goût de la raison et de la vérité.

▪ Pour Descartes, le scepticisme, le doute est la seule voie qui permette de comprendre les phénomènes. Le doute est une activité de l'esprit qui permet à l'homme de prendre conscience de lui même : « Je pense, donc je suis » (en latin : *Cogito, ergo sum*).

▪ Mais cette méthode ne conduit-elle pas à l'athéisme ? Est-il permis de douter des vérités de la religion ? Non, répond Descartes, car la Raison, cette faculté qui nous permet de penser, est créée par Dieu, comme n'importe quel objet. Dieu, seul être parfait, donne à l'homme la conscience de son imperfection et lui inspire la nécessité d'établir une méthode de connaissance.

▪ En matière de morale, Descartes considère que les passions sont bonnes ou mauvaises selon qu'elles sont conformes ou non à la raison. Il est impossible d'empêcher les passions de naître dans l'âme, mais la volonté peut aider à les dominer. Une âme « généreuse » est parfaitement maîtresse de ses passions, particulièrement de ses désirs, de sa jalousie, de sa haine, de sa peur et de sa colère.

■ Par ailleurs, sa conception de la maîtrise de soi coïncide avec l'idéal du héros cornélien, qui naît à la même époque.

Principales œuvres philosophiques de Descartes

1637 *Discours de la méthode*

1641 *Méditations métaphysiques*

1649 *Traité des passions de l'âme*

DISCOURS DE LA MÉTHODE

• Le *Discours de la méthode pour bien conduire sa raison et chercher la vérité dans les sciences* est une sorte d'autobiographie intellectuelle.

• Partant du scepticisme généralisé (il faut douter de tout) qu'enseigne le spectacle du monde, il apprend à ne plus faire confiance qu'à sa raison, qu'il nomme « bon sens » et qui, dit-il, « est la chose du monde la mieux partagée ». Il met au point une méthode qui doit garder « la certitude et l'évidence » des constructions mathématiques. Il dégage quatre principes que nous livre l'extrait qui suit.

Vous remarquerez

• **La prose classique**

→ Une entière sobriété : pas d'images, pas d'effet d'éloquence.

→ Une entière clarté : simplicité du vocabulaire et de la syntaxe.

→ Phrases justement rythmées.

• **L'organisation limpide du discours**

→ Un discours non réservé au spécialiste de la philosophie.

→ Un discours résumable en quatre mots : évidence, analyse, synthèse, énumération.

- **La forme de l'autobiographie**

→ Emploi de la première personne. Puis du « on » généralisant.

→ Emploi de l'imparfait, temps du récit (et non de l'exposé philosophique).

Le premier [*principe*] était de ne recevoir jamais aucune chose pour vraie que je ne la connusse évidemment être telle ; c'est-à-dire d'éviter soigneusement la précipitation et la prévention ; et de ne comprendre rien de plus en mes jugements que ce qui se présenterait si clairement et si distinctement à mon esprit que je n'eusse aucune occasion de le mettre en doute.

Le second, de diviser chacune des difficultés que j'examinerais en autant de parcelles qu'il se pourrait et qu'il serait requis pour les mieux résoudre.

Le troisième, de conduire par ordre mes pensées, en commençant par les objets[1] les plus simples et les plus aisés à connaître, pour monter peu à peu, comme par degrés, jusques à la connaissance des plus composés ; et supposant même de l'ordre entre ceux qui ne se précèdent point naturellement les uns les autres.

Et le dernier, de faire partout des dénombrements si entiers, et des revues si générales, que je fusse assuré de ne rien omettre.

Ces longues chaînes de raisons, toutes simples et faciles, dont les géomètres ont coutume de se servir pour parvenir à leurs plus difficiles démonstrations, m'avaient donné occasion de m'imaginer que toutes les choses qui peuvent tomber sous la connaissance des hommes s'entre-suivent en même façon, et que, pourvu seulement qu'on s'abstienne d'en recevoir aucune pour vraie qui ne le soit, et qu'on garde toujours l'ordre qu'il faut pour les déduire les unes des autres, il n'y en peut avoir de si éloignées auxquelles enfin on ne parvienne, ni de si cachées qu'on ne découvre.

(1) *Tout ce qui se présente au regard ou à l'imagination.*

PIERRE
CORNEILLE

(1606-1684)

Vie de Corneille

Un disciple des stoïciens

■ Pierre Corneille naît à Rouen dans une famille de la petite bourgeoisie. Excellent élève, il se passionne pour les stoïciens, philosophes de la maîtrise de soi. À vingt-deux ans, il devient avocat.

■ L'année suivante, on représente sa première comédie, qui rencontre le succès. Bientôt, il abandonne sa carrière de juriste pour se consacrer au théâtre.

La gloire

■ Mais c'est *le Cid*, en 1637, qui lui apporte la gloire. Il a trente ans, le roi Louis XIII l'anoblit. En 1640, l'année de son mariage, il donne deux nouveaux chefs-d'œuvre, *Horace* et *Cinna*.

■ L'échec de *Pertharite*, en 1651, le décide à s'éloigner du théâtre et à se tourner vers la poésie chrétienne.

La défaveur du public et la postérité

■ Quand il revient au théâtre, à cinquante-trois ans, il ne peut que constater, tristement, qu'il est passé de mode. L'auteur fêté est désormais Racine. Alors que Corneille présente des héros admirables par leur grandeur d'âme, Racine émeut et accable en soulignant le tragique de la condition humaine : le héros racinien est prisonnier d'une destinée qui le dépasse. Le public trouve davantage de vérité dans cette nouvelle image de l'homme.

■ Cependant, alors qu'il termine sa vie dans une retraite pieuse, on monte ses pièces à Paris et à Versailles, tandis que s'affirme sa réputation européenne.

Le Cid et les règles du théâtre classique

■ *Le Cid* rencontra un succès immense. Mais les critiques furent vives parmi les « doctes » (= les savants). La jeune Académie française reprocha notamment à Corneille de ne pas respecter les règles du théâtre classique[1].

■ Certains critiques blâmaient Corneille de faire tenir trop d'événements en vingt-quatre heures (faute contre le vraisemblable) et d'avoir fait de Chimène une fille dénaturée, amoureuse de l'assassin de son père (faute contre le vraisemblable et contre les bienséances).

Œuvres de Corneille

1629	*Mélite*, comédie
1632	*la Galerie du Palais*, comédie
1635	*Médée*, tragédie
1636	*l'Illusion comique*, comédie
1637	*le Cid*, tragi-comédie
1640	*Horace*, tragédie
1641	*Cinna*, tragédie
1642	*Polyeucte*, tragédie chrétienne
1643	*le Menteur*, comédie
1645	*Rodogune*, tragédie
1651	*Nicomède*, tragédie

LE CID

I, 4

• *Le Cid*, qui fit la gloire de Corneille, est une histoire d'amour. Son climat est tragique, mais, conformément aux règles de la tragi-comédie, elle se termine bien.

• Chimène, fille de Don Gomès, est promise à Rodrigue, fils du vieux seigneur Don Diègue. Le roi choisit Don Diègue comme précepteur de son fils. Dom Gomès, jaloux, gifle Don Diègue. Cet extrait montre comment s'exprime la rage impuissante de Don Diègue.

1. Voir p. 55.

Vous remarquerez

- **Le code de l'honneur**

→ Le vieux seigneur, dans la scène précédente, a été désarmé par son adversaire. Même s'il n'a succombé qu'à la force brutale, Don Diègue se considère comme déshonoré.

- **L'intensité des sentiments**

→ Le déshonneur entraîne : mépris de soi-même, cruelle nostalgie d'un passé glorieux, sentiment d'indignité, désir d'être vengé, désir de mourir.

- **L'éloquence**

→ Abondance de phrases interrogatives et exclamatives.

→ Rythmes marqués (*cf.* les quatre premiers vers : 2/4/6/12/24).

→ Images transparentes : « bras », « précipice ».

→ Anaphore : « Mon bras / Mon bras ».

→ Formule binaire : « Et mourir sans vengeance, ou vivre dans la honte ? »

DON DIÈGUE

Ô rage ! Ô désespoir ! Ô vieillesse ennemie !
N'ai-je donc tant vécu que pour cette infamie ?
Et ne suis-je blanchi *(= vieilli)* dans les travaux guerriers
Que pour voir en un jour flétrir tant de lauriers ?
Mon bras, qu'avec respect toute l'Espagne admire,
Mon bras, qui tant de fois a sauvé cet empire,
Tant de fois affermi le trône de son roi,
Trahit donc ma querelle, et ne fait rien pour moi ?
Ô cruel souvenir de ma gloire passée !
Œuvre de tant de jours en un jour effacée !
Nouvelle dignité, fatale à mon bonheur !
Précipice élevé d'où tombe mon honneur !

Faut-il de votre éclat voir triompher le Comte,
Et mourir sans vengeance, ou vivre dans la honte ?
Comte, sois de mon prince à présent gouverneur :
Ce haut rang n'admet point un homme sans honneur ;
Et ton jaloux orgueil, par cet affront insigne,
Malgré le choix du Roi, m'en a su rendre indigne.
Et toi, de mes exploits glorieux instrument,
Mais d'un corps tout de glace inutile ornement,
Fer, jadis tant à craindre et qui, dans cette offense,
M'as servi de parade, et non pas de défense,
Va, quitte désormais le dernier des humains,
Passe, pour me venger, en de meilleures mains.

LE CID

I, 6

• Don Diègue conjure son fils Rodrigue de le venger. Rodrigue, resté seul, se demande s'il doit sacrifier son amour à ce devoir de vengeance.
• Voici la première des six strophes (que l'on nomme « stances ») de sa délibération.

Vous remarquerez

• **La versification et son rôle dramatique**
→ Pour le mètre et la rime, les six stances sont identiques.
→ Mètres variés : 8/12/12/12/6/10/6/10/10.
→ Rimes : ABBACCDEDE
→ Cette variété traduit peut-être l'agitation de l'âme.
→ Elle épargne la monotonie à un spectateur invité à écouter un monologue de 600 vers.

• **Une situation « cornélienne »**
→ Deux exigences incompatibles déchirent souvent les héros de Corneille.

DON RODRIGUE

Percé jusques au fond du cœur
D'une atteinte imprévue aussi bien que mortelle,
Misérable vengeur d'une juste querelle,
Et malheureux objet d'une injuste rigueur,
Je demeure immobile, et mon âme abattue
Cède au coup qui me tue.
Si près de voir mon feu recompensé,
Ô Dieu, l'étrange peine !
En cet affront mon père est l'offensé,
Et l'offenseur le père de Chimène !

JEAN DE LA FONTAINE

(1621-1695)

Vie de La Fontaine

Une jeunesse en province

- Jean de La Fontaine naît à Château-Thierry, où son père est « maître des eaux et forêts ». Il lui succédera lui-même dans cette charge, possédant par ailleurs le titre d'avocat.
- La Fontaine est dépensier et volage : son mariage, à vingt-six ans, avec une jeune fille de quatorze ans n'est pas un succès.

Un poète fêté

- À trente-sept ans, en 1658, il se fixe, seul, à Paris. Il y est alors un parfait inconnu. Un poème, écrit la même année, lui vaut une pension du ministre des finances, le « surintendant » Fouquet. Il anime les fêtes données par celui-ci dans son domaine de Vaux-le-Vicomte.
- Mais les fastes de Fouquet entraînent sa disgrâce. La Fontaine le défend courageusement puis devient le protégé d'une princesse de la famille royale. Il est logé au palais du Luxembourg et fréquente les salons les plus brillants.

Le fabuliste

- Plusieurs recueils de contes et nouvelles en vers, qu'il publie alors, lui gagnent d'autres nobles protecteurs. Son premier recueil de *Fables* paraît en 1668 ; La Fontaine a quarante-sept ans. Il s'essaye ensuite à des genres variés puis, dix ans après le premier recueil de fables, en publie un second.
- Dans ses dernières années, plusieurs protecteurs l'hébergent successivement. Il revient à la religion, traduit des poésies bibliques et donne quelques mois avant sa mort, à soixante-quatorze ans, un dernier recueil de fables.

La personnalité de La Fontaine

■ La Fontaine passa souvent pour un sympathique naïf, produisant des fables sans effort. En réalité, il fut un habile courtisan, capable de trouver de généreux protecteurs tout en préservant sa liberté.

■ D'autre part, les fables ne sont pas le produit d'une paresseuse fantaisie : La Fontaine était un poète épris de perfection qui se fixait, en écrivant, les règles les plus rigoureuses.

Œuvres de La Fontaine

1664	*Nouvelles en vers tirées de Boccace et de l'Arioste*
1665	*Contes et nouvelles en vers*
1666	*Contes et nouvelles en vers*
1668	*Fables*, premier recueil
1671	*Contes et nouvelles en vers*
1671	*Recueil de fables nouvelles*
1678-1679	*Fables*, second recueil
1694	*Fables*, dernières fables

LA LAITIÈRE ET LE POT AU LAIT

• La Fontaine imite les fables de l'antiquité. Il leur emprunte la plupart de ses sujets et, comme eux, compose un récit dont il énonce la « moralité ». À leur exemple, il se sert également des animaux pour instruire les hommes.

• Mais les fables antiques, pour la plupart, sont des narrations brèves et sèches. La Fontaine leur donne vie en ajoutant des circonstances, en prêtant aux animaux des sentiments humains, en intervenant comme un conteur plein de malice. La moralité devient le prétexte d'un divertissement délicat ; La Fontaine convient que son « principal but est toujours de plaire ».

• Ainsi ses fables n'étaient-elles pas destinées aux enfants mais à de fins lettrés, comme l'étaient les familiers des salons qu'il fréquentait.

- Dans de nombreuses fables, La Fontaine choisit des personnages humains. Il note des traits de caractère que la sagesse commune associe à l'âge et au sexe.
- Le fabuliste en profite souvent pour peindre la vie aux champs.

Vous remarquerez

- **La construction dramatique**

→ Exposition (v. 1-6), épisode (7-21), péripétie (22-29), moralité (30-44).

- **L'art de raconter en vers**

→ Variété du rythme : l'alexandrin alterne avec l'octosyllabe.
→ Alternance du récit à la troisième personne et du style direct.
→ Un langage épuré par l'art, mais qui reste simple.
→ Présence malicieuse d'un narrateur qui joue avec les mots et les sons : *veau/vache, cochon/couvée.*

- **Une moralité en forme de confidence lyrique**

→ Du « nous » (v. 35), au « je » (v. 38)
→ Le ton un instant aussi noble que celui de la tragédie.
→ La fantaisie bonhomme l'emporte à la fin (v. 42-43).

Perrette, sur sa tête ayant un pot au lait
Bien posé sur un coussinet,
Prétendait arriver sans encombre à la ville.
Légère et court vêtue, elle allait à grands pas,
Ayant mis, ce jour-là, pour être plus agile,
Cotillon simple et souliers plats.
Notre laitière ainsi troussées
Comptait déjà dans sa pensée
Tout le prix de son lait, en employait l'argent ;
Achetait un cent d'œufs, faisait triple couvée :
La chose allait à bien par son soin diligent.
« Il m'est, disait-elle, facile
D'élever des poulets autour de ma maison ;

Le renard sera bien habile
S'il ne m'en laisse assez pour avoir un cochon.
Le porc à s'engraisser coûtera peu de son ;
Il était, quand je l'eus, de grosseur raisonnable :
J'aurai, le revendant, de l'argent bel et bon.
Et qui m'empêchera de mettre en notre étable,
Vu le prix dont il est, une vache et son veau,
Que je verrai sauter au milieu du troupeau ? »
Perrette là-dessus saute aussi, transportée :
Le lait tombe ; adieu veau, vache, cochon, couvée.
La dame de ces biens, quittant d'un œil marri *(= désolé)*
Sa fortune ainsi répandue,
Va s'excuser à son mari,
En grand danger d'être battue.
Le récit en farce en fut fait ;
On l'appela le Pot au lait.

Quel esprit ne bat la campagne[1] ?
Qui ne fait châteaux en Espagne[2] ?
Picrochole[3], Pyrrhus[4], la Laitière, enfin tous,
Autant les sages que les fous.
Chacun songe en veillant ; il n'est rien de plus doux :
Une flatteuse *(= trompeuse)* erreur *(= délire)* emporte alors nos âmes ;
Tout le bien du monde est à nous,
Tous les honneurs, toutes les femmes.
Quand je suis seul, je fais au plus brave un défi ;
Je m'écarte *(= m'éloigne)*, je vais détrôner le Sophi[5] ;
On m'élit roi, mon peuple m'aime ;
Les diadèmes vont sur mon tête pleuvant :
Quelque accident fait-il que je rentre en moi-même,
Je suis gros Jean[6] comme devant *(= auparavant)*.

(1) S'égare comme le chasseur lors d'une « battue ».
(2) Rêves sans fondement.
(3) Personnage de Rabelais : il voulait conquérir l'univers.
(4) Roi grec, célèbre pour son ambition.
(5) Le Shah de Perse.
(6) Gros Jean *: un paysan lourdaud ; mais* Jean *est le prénom de La Fontaine !*

JEAN-BAPTISTE POQUELIN dit MOLIÈRE

(1622-1673)

Vie de Molière

Jean-Baptiste Poquelin

■ Jean-Baptiste Poquelin naît dans la bonne bourgeoisie parisienne : son père est tapissier du roi. Il reçoit une solide éducation au Collège de Clermont (aujourd'hui Lycée Louis-le-Grand).

■ À vingt et un ans, il décide de faire du théâtre, malgré les préjugés du temps (l'Église excommuniait les comédiens et leur refusait une sépulture chrétienne).

■ Il prend le nom de Molière et, avec l'actrice Madeleine Béjart, fonde une troupe de dix comédiens, l'Illustre Théâtre. Mais le succès ne vient pas ; Molière connaît plusieurs fois la prison pour dettes. La troupe décide alors de tourner en province.

De la province à Paris

■ Pendant douze années, de 1645 à 1658, L'Illustre Théâtre prospère dans le sud-ouest de la France.

■ Ayant obtenu le soutien de Monsieur, frère du roi, la troupe fait sa rentrée à Paris en 1658. Molière, à trente-six ans, est désormais un homme de théâtre expérimenté. Plusieurs farces de sa composition, dont certaines représentées devant le roi, rencontrent le succès.

■ En 1661, il inaugure sa propre salle. L'année suivante, le public acclame *l'École des femmes*, la première grande comédie de Molière, riche de substance morale et psychologique. Le roi accorde à l'auteur une importante pension.

Avec le soutien du roi

■ En 1662, il épouse Armande Béjart, jeune sœur de Madeleine, âgée de vingt ans. Des troupes concurrentes, des membres du parti religieux dénoncent l'immoralité de son théâtre et de sa vie privée. Il répond avec esprit. Le roi le soutient et sera le parrain de son premier fils, né en 1664.

■ Pourtant, le parti religieux parvient à faire interdire les représentations publiques de *Tartufe*, pièce tournée contre les faux dévots. L'année suivante, une autre pièce est interdite, en raison de l'impiété de son héros, Dom Juan. Cependant Molière, nommé chef de la troupe du roi, continue à triompher à la cour.

■ Malgré l'altération de sa santé, les années 1666-1672 représentent l'apogée de sa carrière.

La mort d'un comédien

■ En 1672, il perd son fils, âgé de huit ans, puis sa fidèle amie Madeleine Béjart.

■ Un soir de 1673, Molière doit quitter la scène au cours d'une représentation du *Malade imaginaire*. Il meurt peu après. Armande doit faire intervenir le roi pour que l'Archevêque de Paris accorde à Molière des obsèques (nocturnes) et une sépulture chrétienne.

Œuvres de Molière

1659	*les Précieuses ridicules*, farce
1662	*l'Ecole des femmes*, comédie
1664	*Tartufe ou L'Imposteur*, comédie
1665	*Dom Juan*, comédie
1666	*le Misanthrope*, comédie ; *le Médecin malgré lui*, farce
1668	*l'Avare*, comédie
1670	*le Bourgeois gentilhomme*, comédie-ballet
1671	*les Fourberies de Scapin*, farce
1673	*le Malade imaginaire*, comédie-ballet

L'AVARE

IV, 7

• Les comédies de Molière dénoncent un ou plusieurs travers de la nature humaine.

- Harpagon incarne l'avarice. Il veut faire épouser à sa fille Elise un vieil homme, Anselme, qu'elle n'aime pas et à son fils Cléante non pas la jeune Marianne mais « une certaine veuve ».
- La Flèche, valet de Cléante, vole la cassette de l'avare, afin de pouvoir exercer un chantage sur lui : le mariage de Cléante avec celle qu'il aime contre la cassette.
- Cet extrait montre le désespoir d'Harpagon constatant le vol.

Vous remarquerez

- **Le langage dramatique**

→ Les phrases courtes traduisent l'émotion haletante d'Harpagon.

→ Un style destiné à l'expression orale, à la scène.

- **Une obsession destructrice**

→ Le sens de la mesure fonde la morale de Molière. L'avarice d'Harpagon l'entraîne dans la démesure, la destruction et l'autodestruction. La scène comique et le tableau pathologique ne sont pas incompatibles.

HARPAGON – *(Il crie au voleur dès le jardin, et vient sans chapeau.)* – Au voleur ! Au voleur ! À l'assassin ! Au meurtrier ! Justice, juste Ciel ! Je suis perdu, je suis assassiné, on m'a coupé la gorge, on m'a dérobé mon argent. Qui peut-ce être ? Qu'est-il devenu ? Où est-il ? Où se cache-t-il ? Que ferai-je pour le trouver ? Où courir ? Où ne pas courir ? N'est-il point là ? N'est-il point ici ? Qui est-ce ? Arrête ! *(Il se prend lui-même le bras.)* Rends-moi mon argent, coquin ! Ah ! c'est moi. Mon esprit est troublé, et j'ignore où je suis, qui je suis, et ce que je fais. Hélàs ! Mon pauvre argent, mon pauvre argent, mon cher ami, on m'a privé de toi ; et, puisque tu m'es enlevé, j'ai perdu mon support, ma consolation, ma joie ; tout est fini pour moi, et je n'ai plus que faire au monde ! Sans toi, il m'est impossible de vivre. C'en est fait, je n'en puis plus ; je me meurs, je suis mort, je suis enterré. N'y a-t-il personne qui veuille me ressusciter en me rendant mon cher argent, ou en m'apprenant qui l'a pris ? Euh ! Que dites-vous ! Ce n'est personne. Il faut, qui que ce soit qui ait fait le coup, qu'avec beaucoup de soin on ait épié l'heure ; l'on a choisi justement le temps que je parlais à mon traître de fils. Sortons. Je veux aller querir la justice et faire donner la question *(= faire torturer)* à toute ma maison : à servantes, à valets, à fils, à fille, et à moi aussi. Que de gens assemblés ! Je ne jette mes regards sur personne qui ne me donne des soupçons, et tout me semble mon voleur. Eh ! De quoi est-ce qu'on parle là ? De celui qui m'a dérobé ? Quel bruit fait-on là-haut ? Est-ce mon voleur qui y est ? De grâce, si l'on sait des nouvelles de mon voleur, je supplie que l'on m'en dise. N'est-il point caché là parmi vous ? Ils me regardent tous et se mettent à rire. Vous verrez qu'ils ont part, sans doute, au vol que l'on m'a fait. Allons vite, des commissaires, des archers, des prévôts, des juges, des gênes, des potences et des bourreaux ! Je veux faire pendre tout le monde ; et, si je ne retrouve mon argent, je me pendrai moi-même après.

LE BOURGEOIS GENTILHOMME

II, 4

• *Le Bourgeois gentilhomme* est une « comédie-ballet » : entre les scènes parlées, on représentait, à l'époque de Molière, des scènes dansées accompagnées de musique.
• La pièce a pour personnage principal un bourgeois enrichi, Monsieur Jourdain, qui se ridiculise en voulant imiter les nobles. Il prend, notamment un maître de « philosophie » pour parfaire son éducation.

Vous remarquerez

• **L'art de faire rire**
→ Dans d'autres pièces, Molière sonde les caractères, dépeint la condition humaine. Il choisit ici de faire rire en poussant une situation jusqu'à l'absurde.

• **Les limites de la littérature**
→ Le billet conçu par Monsieur Jourdain caricature la littérature galante alors à la mode et ses coquetteries parfois ridicules.

MONSIEUR JOURDAIN – Au reste, il faut que je vous fasse une confidence. Je suis amoureux d'une personne de grande qualité, et je souhaiterais que vous m'aidassiez à lui écrire quelque chose dans un petit billet que je veux laisser tomber à ses pieds.

MAÎTRE DE PHILOSOPHIE – Fort bien.

MONSIEUR JOURDAIN – Cela sera galant, oui. *[...]* Je voudrais donc lui mettre dans un billet : « Belle marquise, vos beaux yeux me font mourir d'amour », mais je voudrais que cela fût mis d'une manière galante, que ce fût tourné gentiment.

MAÎTRE DE PHILOSOPHIE – Mettre que les feux de ses yeux réduisent votre cœur en cendres ; que vous souffrez nuit et jour pour elle les violences d'un...

MONSIEUR JOURDAIN – Non, non, non, je ne veux point tout cela ; je ne veux que ce que je vous ai dit : « Belle marquise, vos beaux yeux me font mourir d'amour. »

MAÎTRE DE PHILOSOPHIE – Il faut bien étendre un peu la chose.

MONSIEUR JOURDAIN – Non, vous dis-je, je ne veux que ces seules paroles-là dans le billet, mais tournées à la mode, bien arrangées comme il faut. Je vous prie de me dire un peu, pour voir, les diverses manières dont on les peut mettre.

MAÎTRE DE PHILOSOPHIE – On les peut mettre premièrement comme vous avez dit : « Belle marquise, vos beaux yeux me font mourir d'amour. » Ou bien : « D'amour mourir me font, belle marquise, vos beaux yeux. » Ou bien : « Vos yeux beaux d'amour me font, belle marquise, mourir. » Ou bien : « Mourir vos beaux yeux, belle marquise, d'amour me font. » Ou bien : « Me font vos yeux beaux mourir, belle marquise, d'amour. »

MONSIEUR JOURDAIN – Mais, de toutes ces façons-là, laquelle est la meilleure ?

MAÎTRE DE PHILOSOPHIE – Celle que vous avez dite : « Belle marquise, vos beaux yeux me font mourir d'amour. »

MONSIEUR JOURDAIN – Cependant je n'ai point étudié, et j'ai fait cela tout du premier coup. Je vous remercie de tout mon cœur, et vous prie de venir demain de bonne heure.

MAÎTRE DE PHILOSOPHIE – Je n'y manquerai pas. *(Il sort.)*

BLAISE PASCAL

(1623-1662)

Vie de Pascal

« Un effrayant génie »

■ Blaise Pascal naît à Clermont-Ferrand. Son père, magistrat, est un homme cultivé et curieux de sciences. Alors qu'il a trois ans, Blaise perd sa mère.

■ Selon le mot de Chateaubriand, Pascal, dès l'enfance, se révèle être « un effrayant génie ». Son père, craignant qu'il ne néglige les langues anciennes au profit des mathématiques, lui confisque un traité de géométrie. Mais Blaise, en cachette, reconstitue les démonstrations. Un essai de géométrie, qu'il rédige à seize ans, fait l'admiration des mathématiciens. À dix-huit ans, il conçoit et fabrique la première machine à calculer.

Le jansénisme et la science

■ Sous l'influence de deux gentilshommes, venus soigner son père qui s'était brisé une jambe, Pascal se convertit, à vingt-trois ans, au jansénisme, doctrine où l'homme attend le Salut de la volonté divine et très peu de ses œuvres.

■ Il n'abandonne pas pour autant ses études scientifiques. Dans un traité de physique qu'il rédige en 1647, il distingue la théologie, science qui tire sa vérité des Livres Saints et les « sciences de raisonnement », qui progressent par la raison et par l'expérience.

De Paris à Port-Royal-des-Champs

■ À vingt-huit ans, il s'établit à Paris et y fréquente les esprits distingués des milieux mondains. À sa connaissance des sciences et de la religion s'ajoute ainsi celle de la bonne société.

■ Mais il revient bientôt à une vie pieuse. En novembre 1654, il connaît une extase mystique. Il se retire alors à Port-Royal-des-Champs, parmi les « solitaires », pieux jansénistes tournés entièrement vers l'éducation et la religion.

Les *Provinciales* et les *Pensées*

■ En 1656, il participe par des pamphlets pleins d'ironie, de passion et d'éloquence à la violente polémique qui oppose les Jansénistes aux Jésuites et à la hiérarchie catholique. Ces pamphlets, *les Provinciales*, seront entre toutes les mains.

■ Outre la polémique, qui ne cessera pas de son vivant, Pascal consacre les quatre dernières années de sa vie à la rédaction d'un ouvrage destiné à convaincre les incroyants. Ces *Pensées*, sont encore à l'état de fragments quand il meurt à trente-neuf ans.

Œuvres principales de Pascal

1656-1657 les *Provinciales*, essais

1657-1667 rédaction des *Pensées* (publication posthume en **1670**)

PENSÉES

347, 348, 397, 400

Brunschvicg[1]

• Pascal, qui parle si bien à l'imagination, sait aussi dénoncer cette « maîtresse d'erreur et de fausseté ». Parmi les puissances trompeuses, il dénonce la justice humaine qui n'est pas, comme nous le croyons, issue des lois naturelles mais de la coutume, laquelle diffère d'un pays à l'autre : « Vérité en deçà des Pyrénées, erreur au-delà. »

• Il montre aussi que l'homme est à tout instant menacé par l'ennui, qui lui donne l'image de son néant. Nous fuyons cette image grâce au divertissement. Mais le divertissement est une misère, car il nous détourne de penser à nous et à notre salut.

1. Léon Brunschvicg est l'auteur d'une numérotation usuelle des *Pensées*.

• Cependant les *Pensées* exaltent aussi la grandeur de l'homme ; car l'homme, si faible au sein de la nature, et si sujet à l'erreur, tient sa grandeur de la pensée. Le texte qui suit propose plusieurs fragments des *Pensées*.

Vous remarquerez

• **La cohérence entre les fragments**

→ Ces passages épars construisent un raisonnement quand on les rapproche :

Théorème : l'homme tient sa dignité non de sa force physique mais de sa pensée.

Démonstration : sa pensée est plus forte que la matière.

Conséquence : cette grandeur de la pensée l'aide à se libérer de la misère de sa condition.

• **L'art de persuader**

→ Un contraste puissant (*force/faiblesse*) fonde le raisonnement.

→ Simplicité inoubliable de l'image : « roseau pensant ».

→ Usage souple du « je », du « il », du « nous ».

L'homme n'est qu'un roseau, le plus faible de la nature ; mais c'est un roseau pensant. Il ne faut pas que l'univers entier s'arme pour l'écraser : une vapeur, une goutte d'eau, suffit pour le tuer. Mais, quand l'univers l'écraserait, l'homme serait encore plus noble que ce qui le tue, parce qu'il sait qu'il meurt, et l'avantage que l'univers a sur lui ; l'univers n'en sait rien.

Toute notre dignité consiste donc en la pensée. C'est de là qu'il faut nous relever, et non de l'espace et de la durée, que nous ne saurions remplir. Travaillons donc à bien penser : voilà le principe de la morale (347).

Roseau pensant – Ce n'est point de l'espace que je dois chercher ma dignité, mais c'est du règlement de ma pensée. Je n'aurai pas davantage en possédant des terres : par l'espace, l'univers me comprend et m'engoutit comme un point ; par la pensée, je le comprends *(= domine)* (348).

Grandeur de l'homme – Nous avons une si grande idée de l'âme de l'homme, que nous ne pouvons souffrir (= *supporter*) d'en être méprisés, et de n'être pas dans l'estime d'une âme ; et, toute la félicité des hommes consiste dans cette estime (400).

La grandeur de l'homme est grande en ce qu'il se connaît misérable. Un arbre ne se connaît pas misérable.

C'est donc être misérable que de (*se*) connaître misérable ; mais c'est être grand que de connaître qu'on est misérable (397).

MADAME DE LA FAYETTE

(1634-1693)

Vie de Madame de La Fayette

Une éducation littéraire et mondaine

- Marie-Madeleine Pioche de la Vergne, future comtesse de La Fayette, née à Paris, reçoit une belle éducation, à la fois littéraire et mondaine.
- De bonne heure, elle fréquente les salons parisiens où l'on rencontre des esprits distingués.

L'Auvergne et Paris

- En 1655, à vingt ans, elle épouse le comte de La Fayette qu'elle accompagne dans ses terres d'Auvergne.
- Quatre ans plus tard, elle s'installe définitivement à Paris pour veiller à l'éducation de ses deux enfants et pour renouer avec les grands seigneurs et les beaux esprits.

Un brillant salon

- Son salon de la rue de Vaugirard est fréquenté par l'Aristocratie et par des lettrés. Madame de La Fayette, par son raffinement, continue la préciosité[1] et par l'étendue de ses connaissances, elle est aussi, sans aucun ridicule, une « femme savante »[2].

Amitiés princières et littéraires

- Elle devient la dame d'honneur et l'amie d'Henriette d'Angleterre, épouse du frère de Louis XIV. Elle écrira l'histoire de cette princesse. Elle est également liée d'amitié avec Mme de Sévigné et avec La Rochefoucauld, deux écrivains comme elle.

1. Voir p. 54.

2. Titre d'une comédie satirique de Molière.

- Elle joue par ailleurs un rôle diplomatique important dans la relation entre la France et la Savoie. Elle meurt à cinquante-neuf ans.

Madame de La Fayette écrivain

- Elle avait publié, à vingt-huit ans, un récit précieux, *Zaïde*, avant de donner le premier grand roman d'analyse psychologique de la littérature française, *la Princesse de Clèves*. Une nouvelle, *la Comtesse de Tende*, parut après sa mort.

- De son vivant, ses œuvres furent publiées sous le nom de l'un de ses amis, le lettré Segrais et *la Princesse de Clèves* sans nom d'auteur : à cette époque, il aurait été honteux, pour une grande dame, d'avoir publié un roman et d'en tirer profit.

Œuvres de Madame de La Fayette

1662 *la Princesse de Montpensier*, nouvelle

1670 *Zaïde*, roman

1678 *la Princesse de Clèves*, roman

1724 *la Comtesse de Tende*, nouvelle (publication posthume)

LA PRINCESSE DE CLÈVES

- Ce bref roman mêle des personnages historiques du XVIe siècle français et des personnages fictifs. Mlle de Chartres épouse sans amour M. de Clèves à 16 ans. Lors d'un bal, elle rencontre M. de Nemours dont elle s'éprend. M. de Nemours partage sa passion et s'efforce de la revoir.
- Pour fuir son propre penchant, elle quitte la cour ; son mari s'en étonne. Elle se confie à lui tandis que M. de Nemours, par hasard, surprend la scène par une fenêtre. M. de Clèves rend hommage à la loyauté de sa femme mais, par jalousie, ne résiste pas au désir de la faire épier. Trompé par de faux indices, il la croit coupable et meurt de chagrin.
- Mme de Clèves, malade à son tour, se rétablit pour annoncer à Monsieur de Nemours, dans un unique entretien, qu'elle renonce définitivement à lui. Nous donnons un extrait de ce dernier épisode.

Vous remarquerez

- **La fatalité des passions**

→ Ni M. de Nemours ni Mme de Clèves n'affirment qu'ils pourront tuer la passion en eux.

→ L'ombre de M. de Clèves, mort de ne pas être aimé, plane sur ce dialogue.

→ Mme de Clèves poursuit un idéal de repos, c'est-à-dire d'absence de passion.

- **Le raffinement de l'analyse psychologique**

→ Les deux personnages imaginent de manière nuancée les sentiments qui pourront être les leurs en fonction de leurs décisions.

- **Le goût des débats moraux**

→ Au débat psychologique se mêle le débat moral : sentiment de culpabilité, sens de la bienséance (ce qui « se fait » et ce qui « ne se fait pas »).

- **La prose classique**

→ Sobriété, clarté parfaite : la vie intérieure des personnages est transparente pour eux-mêmes et pour le lecteur.

Mme de Clèves s'adresse à M. de Nemours

« Par vanité ou par goût, toutes les femmes souhaitent de[1] vous attacher. Il y en a peu à qui vous ne plaisiez ; mon expérience me ferait croire qu'il n'y en a point à qui vous ne puissiez plaire. Je vous croirais toujours amoureux et aimé, et je ne me tromperais pas souvent. Dans cet état, néanmoins, je n'aurais d'autre parti à prendre que celui de la souffrance ; je ne sais même si j'oserais me plaindre. On fait des reproches à un amant ; mais en fait-on à un mari, quand on n'a qu'à lui reprocher de n'avoir plus d'amour ? Quand je pourrais m'accoutumer à cette sorte de malheur, pourrais-je m'accoutumer à celui de croire voir

(1) *Syntaxe ancienne : on dirait aujourd'hui :* souhaitent vous attacher.

toujours M. de Clèves vous accuser de sa mort, me reprocher de vous avoir aimé, de vous avoir épousé, et me faire sentir la différence de son attachement au vôtre ? Il est impossible, continua-t-elle, de passer par-dessus des raisons si fortes : il faut que je demeure dans l'état où je suis et dans les résolutions que j'ai prises de n'en sortir jamais.

– Hé ! Croyez-vous le pouvoir, madame ? s'écria M. de Nemours. Pensez-vous que vos résolutions tiennent contre un homme qui vous adore, et qui est assez heureux pour vous plaire ? Il est plus difficile que vous ne le pensez, madame, de résister à ce qui nous plaît et à ce qui nous aime. Vous l'avez fait par une vertu austère, qui n'a presque point d'exemple ; mais cette vertu ne s'oppose plus à vos sentiments, et j'espère que vous les suivrez malgré vous.

– Je sais bien qu'il n'y a rien de plus difficile que ce que j'entreprends, répliqua Mme de Clèves ; je me défie de mes forces au milieu de mes raisons. Ce que je crois devoir à la mémoire de M. de Clèves serait faible s'il *(= si cela)* n'était soutenu par l'intérêt de mon repos[(2)] ; et les raisons de mon repos ont besoin d'être soutenues de celles de mon devoir. Mais, quoique je me défie de moi-même, je crois que je ne vaincrai jamais mes scrupules, et je n'espère pas aussi de surmonter l'inclination que j'ai pour vous. Elle me rendra malheureuse, et je me priverai de votre vue, quelque violence qu'il m'en coûte. Je vous conjure, par tout le pouvoir que j'ai sur vous, de ne chercher aucune occasion de me voir. Je suis dans un état qui me fait des crimes de tout ce qui pourrait être permis dans un autre temps et la seule bienséance interdit tout commerce *(= relation)* entre nous. »

(2) Tranquillité, *par opposition au trouble des passions.*

JEAN RACINE

(1639-1699)

Vie de Racine

L'élève des jansénistes

■ Né à La Ferté-Milon, Jean Racine est orphelin à l'âge de quatre ans. D'abord élevé par sa grand mère, il acquiert une solide connaissance des classiques grecs et latins notamment auprès des « solitaires » de Port-Royal-des-Champs. Ses maîtres, pieux et savants jansénistes pensent que seule la grâce divine peut sauver l'homme du péché où l'incline sa faiblesse.

Un jeune dramaturge

■ Il passe sa vingtième année à Paris, fréquentant le monde, les comédiens, s'essayant à la poésie. Mais sa famille, inquiète, l'envoie un temps à Uzès, dans le sud de la France, chez un parent ecclésiastique.

■ Réinstallé à Paris, le jeune homme réussit dans la poésie de cour. Il est présenté à Louis XIV, et Molière accepte de jouer ses deux premières tragédies, *la Thébaïde* et *Alexandre*. Mais Racine, sans le consulter, confie la seconde œuvre à une autre troupe : il en résulte une brouille définitive.

Les « succès de larmes »

■ Représentée en 1668, la troisième tragédie de Racine, *Andromaque*, est un triomphe. Le jeune dramaturge de vingt-neuf ans va connaître six années de succès ininterrompus.

■ À la cour comme à la ville, ces « succès de larmes » comme on disait alors, lui valent d'être anobli, d'entrer à l'Académie française, d'être le protégé des plus grands seigneurs. Certes, les partisans de Corneille n'ont pas désarmé et un climat de cabale règne pendant toute cette période ; mais Racine a supplanté définitivement Corneille dans la faveur du public. Cependant, la cabale parvient à faire échouer *Phèdre* en 1677.

Les adieux au théâtre

- Racine décide alors d'abandonner le théâtre. Il se réconcilie avec ses anciens maîtres jansénistes, qui réprouvaient l'immoralité du théâtre.
- Il renonce à la vie peu régulière qu'il menait dans le milieu du spectacle : on l'accusa d'avoir, par jalousie, empoisonné sa maîtresse, la tragédienne Du Parc, qui mourut en plein triomphe d'*Andromaque*. Il se marie l'année de *Phèdre*, est nommé « historiographe du roi »[1], vit dans un bel hôtel, avec carrosse, chevaux et armoiries.
- Beaucoup plus tard, sur la demande de Mme de Maintenon, il écrira encore deux ouvrages dramatiques, *Esther* et *Athalie*, empruntant à la Bible des sujets sans amours humaines.
- Dans ses dix dernières années, Racine se consacre à sa vie de famille. Il élève, dans la piété, ses sept enfants. Il meurt à soixante ans.

Œuvres de Racine

1667	*Andromaque*, tragédie
1668	*les Plaideurs*, comédie
1669	*Britannicus*, tragédie
1670	*Bérénice*, tragédie
1672	*Bajazet*, tragédie
1673	*Mithridate*, tragédie
1674	*Iphigénie en Aulide*, tragédie
1677	*Phèdre*, tragédie
1689	*Esther*, tragédie sacrée
1691	*Athalie*, tragédie sacrée

1. Les historiographes du roi rédigeaient la chronique du règne.

ANDROMAQUE

V, 1

• *Andromaque* met en scène des héros de l'épopée d'Homère. Racine imite, librement, une tragédie d'Euripide (Ve siècle avant J.-C.). Comme la plupart des autres pièces de Racine, *Andromaque* peint les souffrances d'amours impossibles car non partagées : Oreste aime Hermione, qui aime Pyrrhus, qui aime Andromaque, qui aime en son fils le souvenir d'Hector, son époux défunt.

• Au dénouement, Hermione, qui a fait tuer Pyrrhus par Oreste, le chasse cependant et se suicide. Oreste, alors, sombre dans la folie.

• Quand commence le dernier acte, Pyrrhus vient de dire à Hermione qu'il ne l'a jamais aimée. Voici comment elle se demande, seule, si elle veut ou non sa mort.

Vous remarquerez

• <u>Le spectacle de la passion</u>

→ Amour et haine indissociables.

→ La passion est une fatalité intérieure, mais les contradictions du cœur ne sont pas inexprimables. Au contraire, le théâtre formule clairement les états de conscience et les alternatives : *aimer/haïr, tuer/épargner.*

• <u>Le langage de la passion</u>

→ Dans la tragédie classique, la passion s'exprime par le seul langage.

→ Racine use d'un vocabulaire limité, d'une syntaxe sobre, de traits d'éloquence directs (interrogations, exclamations) ; il évite les métaphores et les comparaisons.

→ Les coupes de l'alexandrin traduisent l'agitation de l'âme : p. ex. v. 1-3, 3.3.6 / 6.6 / 12.

HERMIONE, *seule.*

Où suis-je ? Qu'ai-je fait ? Que dois-je faire encore ?
Quel transport *(= émotion)* me saisit ? Quel chagrin me dévore ?
Errante, et sans dessein, je cours dans ce palais.
Ah ! Ne puis-je savoir si j'aime ou si je hais ?
Le cruel ! De quel œil il m'a congédiée !
Sans pitié, sans douleur au moins étudiée *(= feinte)*.
L'ai-je vu se troubler et me plaindre un moment ?
En ai-je pu tirer un seul gémissement ?
Muet à mes soupirs, tranquille à mes alarmes,
Semblait-il seulement qu'il eût part à mes larmes ?
Et je le plains encore ! Et, pour comble d'ennui, *(= douleur)*
Mon cœur, mon lâche cœur s'intéresse pour lui !
Je tremble au seul penser du coup qui le menace,
Et, prête à me venger, je lui fait déjà grâce.
Non, ne révoquons point l'arrêt de mon courroux *(= colère)* :
Qu'il périsse ! Aussi bien il ne vit plus pour nous.

PHÈDRE

I, 3

• *Phèdre* est une tragédie de la passion coupable. Racine emprunte ses personnages à la mythologie grecque et quelques scènes au théâtre antique. Phèdre, épouse de Thésée, est violemment attirée par son beau-fils Hippolyte. Au début de la pièce, elle avoue son amour à Oenone, sa confidente.

Vous remarquerez

• **Un dialogue haletant**
→ De vers à vers, par deux vers, par fragment de vers.
→ Des exclamations, des interruptions, des réticences (v. 15).
→ Le spectateur partage la curiosité angoissée d'Oenone.

- **L'amour comme fatalité héréditaire**

→ Phèdre fait allusion à l'amour monstrueux de sa mère Pasiphaé pour un taureau et à l'amour tragique de sa sœur Ariane, abandonnée par Thésée sur l'île rocheuse de Naxos.

→ Cette hérédité n'empêche pas, chez Phèdre, un fort sentiment de culpabilité. Certains y virent la transposition du sens du péché.

- **La musicalité**

→ Par la richesse de la rime : v. 7-8, « *blessée/laissée* ».

→ Par l'écho de deux hémistiches : v. 7-8, *ou/ou/ûtes//où/ou/ûtes.*

PHÈDRE – Ciel ! Que lui vais-je dire ? Et par où commencer ?
ŒNONE – Par de vaines frayeurs cessez de m'offenser.
PHÈDRE – O haine de Vénus ! O fatale(1) colère !
Dans quels égarements l'amour jeta ma mère !
ŒNONE – Oublions-les, Madame ; et qu'à tout l'avenir
Un silence éternel cache ce souvenir.
PHÈDRE – Ariane, ma sœur, de quel amour blessée,
Vous mourûtes aux bords où vous fûtes laissées !
ŒNONE – Que faites-vous, Madame ? Et quel mortel ennui *(= souffrance)*
Contre tout votre sang *(= famille)* vous anime aujourd'hui ?
PHÈDRE – Puisque Vénus le veut, de ce sang déplorable(2)
Je péris la dernière et la plus misérable(3).
ŒNONE – Aimez-vous ?
PHÈDRE – De l'amour j'ai toutes les fureurs.
ŒNONE – Pour qui ?
PHÈDRE – Tu vas ouïr le comble des horreurs.
J'aime… À ce nom fatal, je tremble, je frissonne,
J'aime…
ŒNONE – Qui ?
PHÈDRE – Tu connais ce fils de l'Amazone,
Ce prince si longtemps par moi-même opprimé ?
ŒNONE – Hippolyte ! Grands Dieux !
PHÈDRE – C'est toi qui l'as nommé.

(1) La haine de Vénus, déesse de l'amour, marque le destin de Phèdre.
(2) Digne d'être pleuré.
(3) Digne d'être plainte.

Le XVIIIe siècle

Entre le classicisme de l'époque de Louis XIV et le romantisme du XIXe siècle, le XVIIIe, dans la littérature et dans les arts, continue l'un et annonce l'autre. La Grande architecture, celle du Panthéon, s'inspire des modèles antiques. De même, les tragédies (oubliées) du siècle des lumières imitent Racine et les poètes grecs.

Mais, dans d'autres œuvres, règne une grâce propre au XVIIIe siècle. La peinture en demi-teinte de Watteau annonce les sentiments complexes des personnages de Marivaux. Les peintres Boucher et Greuze obéissent aux tendances moralisatrices ou libertines de la littérature. Les paysages nocturnes de Joseph Vernet, les ruines représentées par Hubert Robert annoncent la mélancolie romantique.

Le XVIIIe siècle
Siècle des Lumières

Repères historiques

Le déclin de la monarchie

■ Le règne de Louis XIV avait marqué l'apogée de la monarchie. La régence du duc d'Orléans, de 1715 à 1723 se traduit par le relâchement des mœurs et de l'autorité. Sous le règne de Louis XV, de 1723 à 1774, l'influence des favorites entrave l'action des ministres.

■ À l'égard des idées nouvelles, aucune politique suivie, mais une hésitation entre indulgence et rigueur. Louis XVI s'engage dans la voie des réformes mais, devant l'hostilité des privilégiés, il ne soutient pas suffisamment des ministres éclairés comme Turgot ou Necker. Les difficultés financières s'accroissent et constituent une des causes de la Révolution qui éclate en 1789.

Le combat pour la raison

■ Dans un *Essai sur l'entendement humain* (1690), Locke, un philosophe anglais, désigne comme seules voies de la connaissance l'observation et l'expérience. C'était réfuter implicitement la foi et les croyances. L'ouvrage de Locke inaugure ainsi le siècle de la raison, que les philosophes nommeront « siècle des Lumières », songeant aux « lumières » produites par le jugement rationnel. Tous les penseurs français du XVIIIe siècle sont des disciples de Locke, tous combattront les préjugés, notamment religieux, au nom de la raison.

■ À la fin du siècle, la Révolution française vouera même un culte, pendant quelque temps, à la « déesse Raison ».

Repères littéraires

La quête du bonheur

■ Si la pensée du XVIIIe siècle choisit pour outil la raison, elle se donne comme but le bonheur de l'humanité, ou, du moins, la mise au jour des conditions qui doivent le rendre possible. Ce bonheur ne dépend pas de ce que les religions nomment la Providence, c'est-à-dire la bonté de Dieu.

■ Selon les Lumières, les hommes, seuls, peuvent faire leur propre bonheur. Ils doivent, pour cela, pratiquer la loyauté et la bonté (ce que le XVIIIe siècle nomme la « vertu »). Ils doivent aussi se montrer inventifs et industrieux :

assurer leur prospérité par un travail ouvert au progrès technique.

L'invention de la liberté

■ Le bonheur suppose aussi que l'homme se libère de toutes les contraintes injustifiées.

■ Contraintes intellectuelles constituées par des théories philosophiques abstraites ou par la théologie. Les penseurs des Lumières reprochent à la métaphysique comme à la pensée religieuse de ne pas se fonder sur l'observation et la raison. Ils ne craignent pas Dieu : pour eux, il est certes le créateur, mais il n'est pas un juge. Pour certains, il n'existe pas.

■ Selon Voltaire, les religions sont des inventions purement humaines. Il s'ensuit que les hommes pieux sont soit des « fripons », soit des imbéciles. Il ne croit ni à la Révélation, ni aux apparitions, ni aux miracles. C'est la raison, et elle seule, qui convainc les esprits éclairés de l'existence d'un « Être suprême ». Les croyances et les rites des religions révélées, du catholicisme, du protestantisme, de l'islam ne sont que superstitions. Face à ces institutions qu'il condamne et qu'il combat, Voltaire prône une religion « naturelle » dont l'unique but serait de rendre les hommes vertueux, et un culte de l'Être suprême, assimilable à un culte de la raison.

■ Les penseurs des Lumières veulent ainsi libérer l'homme par le savoir (autre sens du mot « Lumières ») : une monumentale *Encyclopédie*, qui marque le siècle, couvre, sous le signe de la raison, l'ensemble des connaissances humaines.

Un idéal d'égalité

■ Il s'agit aussi de mettre fin aux contraintes sociales : aucun philosophe des Lumières ne défend plus la monarchie de droit divin. Certains acceptent le « despotisme éclairé » de souverains épris de progrès.

■ Ainsi, par exemple, Voltaire ne croit pas à la monarchie de droit divin, telle qu'elle prévaut alors en France. Il voudrait voir régner des despotes éclairés, rendant leurs peuples heureux grâce à des réformes rationnelles. En ce qui concerne la France, il souhaite que le roi s'entoure de ministres épris des Lumières. Il admire, par ailleurs, le régime constitutionnel anglais, mais regrette sa corruption.

■ D'autres philosophes exposent les principes, rationnels, de la démocratie. Tous, ou presque, blâment l'esclavage, les privilèges du haut clergé et de la noblesse.

■ L'œuvre politique de la Révolution française, notamment la *Déclaration des droits de l'homme et du citoyen* (1789) est issue, directement, de leur pensée.

La persistance du goût classique

■ Les grands classiques du siècle précédent, notamment Corneille et Racine restent unanimement admirés. Ils ont de nombreux imitateurs, à commencer par Voltaire, auteur d'une œuvre théâtrale abondante qui n'a pas résisté à l'épreuve du temps. Les comédies de Marivaux, si originales soient-elles, sont encore des réussites toute classiques.

■ Les philosophes des Lumières écrivent une prose sobre et harmonieuse qui rappelle celle du classicisme.

Le goût « Régence » et le libertinage

■ La *Régence* désigne le régime établi en France à la mort de Louis XIV et jusqu'à la majorité de Louis XV (1715-1723). On y cherche moins la grandeur du Grand Siècle que le charme et la fantaisie. Watteau, peintre des fêtes galantes, créateur de rêve et d'irréel, symbolise ce climat.

■ La Régence libère aussi un goût du plaisir que Louis XIV condamnait. Apparaissent alors de nouveaux « libertins » : tandis que les libertins du XVIIe siècle étaient des penseurs antireligieux, les libertins du XVIIIe siècle sont de jeunes débauchés de la noblesse. Certains romanciers, comme Choderlos de Laclos et le marquis de Sade font de ces nouveaux libertins des personnages calculateurs, qui formulent la théorie de leurs plaisirs.

Le préromantisme

■ Vers le milieu du siècle, le goût littéraire se transforme. Certains romans anglais, certaines poésies d'Angleterre et d'Irlande séduisent les lecteurs français par l'émotion et le mystère qui y règnent. Le public lit Buffon, qui lui révèlent la majesté de la nature, trouve chez Diderot des effusions qui le bouleversent, il goûte chez Rousseau la fièvre de l'imagination et les délices du sentiment.

■ Ainsi se manifestent les signes avant-coureurs du romantisme.

Le XVIIIe siècle

LES RÈGNES

Fin du règne de Louis XIV 1715

1715 La régence 1723

1723 Louis XV 1774

1774 Louis XVI 1791

LES ÉVÉNEMENTS

Lutte philosophique : Les « Lumières » – *L'Encyclopédie* (1745-1772) 1789

1789 Révolution française 1799

1799 Bonaparte

LES AUTEURS

1688 MARIVAUX 1763

1689 MONTESQUIEU 1755

1694 VOLTAIRE 1778

1712 ROUSSEAU 1778

1713 DIDEROT 1784

1732 BEAUMARCHAIS 1799

1741 LACLOS 1803

PIERRE CARLET DE CHAMBLAIN DE MARIVAUX

(1688-1763)

Vie de Marivaux

Un jeune auteur

■ Pierre Carlet de Chamblain de Marivaux naît à Paris dans un milieu aisé. On connaît mal sa jeunesse et son éducation.

■ Dès dix-huit ans, il fait représenter à Limoges une première comédie. Puis on retrouve le jeune homme à Paris où il fréquente les milieux littéraires et mondains. Il s'essaye au théâtre, à l'épopée parodique, au roman.

Un écrivain professionnel

■ En 1720, à trente-deux ans, Marivaux se trouve ruiné à la suite de la faillite du célèbre banquier Law. Il devient alors, par la force des choses, un écrivain professionnel. Il lance d'abord un périodique, *le Spectateur français*. Vingt-cinq numéros paraîtront, de 1722 à 1724.

■ Dix ans plus tard, il fondra un nouveau périodique, *le Cabinet du philosophe*. Dans ses articles, Marivaux aborde, sur un ton personnel et agréable, des questions de littérature et de morale.

Un dramaturge à succès

■ Mais il rencontre surtout le succès au théâtre. En vingt-quatre ans, il donne vingt-sept comédies en prose, représentées pour la plupart d'entre elles au Théâtre Italien.

■ Des comédiens d'origine italienne, y jouaient la comédie en français, d'une manière différente de celle du Théâtre Français : leur fantaisie et leur liberté convenaient particulièrement aux comédies de Marivaux. Gianetta Benozzi, dite Silvia en était, dit-on, une interprète idéale. Marivaux cesse d'écrire pour le théâtre en 1746, à cinquante-huit ans.

Marivaux romancier

- Il fut aussi un romancier de grand talent. Ses plus grands succès, *la Vie de Marianne* et *le Paysan parvenu* cherchent la vérité humaine dans la société contemporaine. Marivaux les laissa tous deux inachevés, respectivement en 1736 et en 1741, mais des suites furent écrites, pour exploiter l'engouement des lecteurs.
- Marivaux romancier captive moins son lecteur par des rebondissements que par l'itinéraire social des personnages. Marivaux peint sur le vif des traits de mœurs, des scènes parisiennes et excelle dans l'analyse des sentiments.

L'oubli

- Tout au long de sa vie, il s'est tenu à l'écart du clan des philosophes. Voltaire, contre qui il fut élu à l'Académie française en 1742, lui reprochait de « peser des œufs de mouches dans des balances de toile d'araignée ».
- S'étant retiré peu à peu, il mourut, presque oublié, à soixante-quinze ans. Le XIXe siècle redécouvrit son œuvre.

Œuvres de Marivaux

1722	*la Surprise de l'amour*, comédie
1723	*la Double inconstance*, comédie
1727	*la Seconde Surprise de l'amour*, comédie
1730	*le Jeu de l'amour et du hasard*, comédie
1731-1741	*la Vie de Marianne*, roman
1735-1736	*le Paysan parvenu*, roman
1737	*les Fausses confidences*, comédie

LE JEU DE L'AMOUR ET DU HASARD

II, 5

• Les personnages de Marivaux pratiquent… le marivaudage : on dit son amour indirectement ou bien l'on fait semblant, mais à peine, de ne pas croire la déclaration que l'on attend. Très souvent, l'amour se présente masqué.

• Dans la plus célèbre de ses comédies, *le Jeu de l'amour et du hasard,* Silvia décide de se faire passer pour Lisette, sa femme de chambre, afin d'observer Dorante, qu'on lui destine comme époux. Il vient la même idée à Dorante ! Il portera la livrée de son valet Arlequin qui sera travesti en maître. Or, Arlequin, faux maître, tombe amoureux de Lisette, travestie en Silvia. Silvia, fausse femme de chambre et Dorante, faux laquais, s'éprennent l'un de l'autre.

• Voici une scène d'amour entre deux valets qui jouent, à l'insu l'un de l'autre, le rôle de leur maître.

Vous remarquerez

• **La parodie**

→ La scène d'amour (de « marivaudage ») entre valets parodie la scène d'amour entre les maîtres.

→ Des traces de vocabulaire populaire (« brin ») ou prosaïque (« décompter »).

→ Une expression bouffonne (« fautes d'orthographe »).

→ Parfois, une expression ne correspond pas à leur condition de domestiques (« J'aurais lieu, à mon tour, d'être étonnée… »).

• **L'inquiétude secrète**

→ « Peut-être m'aimerez-vous moins quand nous nous connaîtrons mieux. » : cette réplique de Lisette est le tournant de la scène. Chacun des deux craint que la découverte de son rang social tue l'amour de l'autre.

LISETTE–Mais, que me demandez-vous ?

ARLEQUIN– Dites-moi un petit brin que vous m'aimez. Tenez, je vous aime, moi ; faites l'écho ; répétez, princesse.

LISETTE–Quel insatiable ! Eh bien ! Monsieur, je vous aime.

ARLEQUIN–Et bien ! Madame, je me meurs ; mon bonheur me confond, j'ai peur d'en courir les champs. Vous m'aimez ! Cela est admirable !

LISETTE– J'aurais lieu à mon tour d'être étonnée de la promptitude de votre hommage. Peut-être m'aimerez-vous moins, quand nous nous connaîtrons mieux.

ARLEQUIN– Ah ! Madame ! Quand nous en serons là, j'y perdrai beaucoup ; il y aura bien à décompter.

LISETTE– Vous me croyez plus de qualités que je n'en ai.

ARLEQUIN– Et vous, Madame, vous ne savez pas les miennes, et je ne devrais vous parler qu'à genoux.

LISETTE– Souvenez-vous qu'on n'est pas le maître de son sort.

ARLEQUIN– Les pères et mères font tout à leur tête.

LISETTE– Pour moi, mon cœur vous aurait choisi, dans quelque état que vous eussiez été.

ARLEQUIN– Il a beau jeu pour me choisir encore.

LISETTE– Puis-je me flatter que vous soyez de même à mon égard ?

ARLEQUIN– Hélas ! Quand vous ne seriez que Perrette ou Margot ; quand je vous aurais vue, le martinet à la main, descendre à la cave, vous auriez toujours été ma princesse.

LISETTE– Puissent de si beaux sentiments être durables !

ARLEQUIN– Pour les fortifier de part et d'autre, jurons-nous de nous aimer toujours, en dépit de toutes les fautes d'orthographe que vous aurez faites sur mon compte.

LISETTE – J'ai plus d'intérêt à ce serment-là que vous, et je le fais de tout mon cœur.

ARLEQUIN *se met à genoux*– Votre santé m'éblouit et je me prosterne devant elle.

LISETTE– Arrêtez-vous ; je ne saurais vous souffrir dans cette posture-là, je serais ridicule de vous y laisser ; levez-vous. Voilà encore quelqu'un.

MONTESQUIEU

(1689-1755)

Vie de Montesquieu

Une vocation scientifique

■ Charles-Louis de Secondat de la Brède et de Montesquieu naît au château de la Brède, près de Bordeaux. Son père a fait une carrière militaire. Un de ses oncles est magistrat. Lui-même devient magistrat, après de solides études, mais sans goût particulier pour la pratique juridique (« je n'y entendais rien », dira-t-il).

■ À vingt-sept ans, l'année même où il entre dans la magistrature, il devient membre de l'Académie des Sciences de Bordeaux et présente différents mémoires de physiologie et de physique.

Salons parisiens

■ En 1721, à trente-deux ans, il publie un roman satirique, *les Lettres persanes*, dont le succès est immense. Désormais, les portes des salons parisiens lui sont ouvertes.

■ De 1721 à 1728, il réside dans la capitale plusieurs mois par an, publiant d'autres romans et divers essais politiques et historiques. L'Académie française l'élit en 1728.

Voyages et sédentarité

■ Suit un long périple en Europe : Allemagne, Autriche-Hongrie, Italie, Hollande, Angleterre enfin. Montesquieu observe, en particulier, les régimes politiques.

■ De retour au château ancestral en 1731, Montesquieu, alors âgé de quarante-deux ans, s'attache à faire prospérer son domaine et entame la rédaction de *l'Esprit des lois*, grand ouvrage consacré à la nature des lois et à leurs rapports entre elles et dans lequel il condamne notamment l'esclavage.

La grande œuvre

- Une partie de *l'Esprit des lois* ayant pris une grande ampleur, il la publie séparément en 1734, sous le titre de *Considérations sur les causes de la grandeur des Romains et de leur décadence*. Il explique dans cet ouvrage que Rome devait périr de sa grandeur même, car cette grandeur, faite de richesse et d'immensité territoriale, fut la cause profonde de la corruption des mœurs et des guerres civiles.

- *L'Esprit des lois* est terminé en 1748, fruit de dix-sept ans de labeur. L'ouvrage paraît à Genève sans nom d'auteur, la censure royale sanctionnant les idées nouvelles, surtout en matière politique. Montesquieu est désormais presque aveugle, épuisé. Il meurt à soixante-six ans.

Œuvres de Montesquieu

1721	*Lettres persanes*, roman
1734	*Considérations sur les causes de la grandeur des Romans et de leur décadence*, essai
1748	*De l'Esprit des lois*, traité

LETTRES PERSANES

lettre XXX

- Montesquieu imagine deux Persans, Usbek et Rika, visitant la France de 1712 à 1720. Une correspondance s'établit ainsi entre Paris et Ispahan. Une partie de ces *Lettres persanes* portent sur les troubles du harem, une autre sur la découverte de la France par les deux étrangers.

- Montesquieu tire parti de leur étonnement pour ironiser sur nos mœurs, notre régime politique, notre religion, qui contrastent avec les progrès de la raison. Les *Lettres persanes* attribuent aux Parisiens une curiosité superficielle comme le montre l'extrait suivant.

Vous remarquerez

- **L'art et la fausse naïveté**

→ Montesquieu prête à Rika une naïveté que, par jeu, le lecteur partage. Cette naïveté est l'instrument même de la satire.

- **Le sens du contraste**

→ Rika en costume persan/Rika en costume parisien. Il y aurait une leçon de morale si Rika était vaniteux. Mais le développement du contraste vaut surtout pour le comique.

- **L'humour des salons**

→ L'esprit de Montesquieu, dans cette page, donne une idée du climat qui régnait dans certains salons de ce temps.

- **La formule finale**

→ En une réplique, la curiosité sotte.

→ Contraste avec la curiosité intelligente de Montesquieu en matière de mœurs et d'institutions étrangères.

Rica à Ibben, à Smyrne.

Les habitants de Paris sont d'une curiosité qui va jusqu'à l'extravagance. Lorsque j'arrivai, je fus regardé comme si j'avais été envoyé du ciel : vieillards, hommes, femmes, enfants, tous voulaient me voir. Si je sortais, tout le monde se mettait aux fenêtres ; si j'étais aux Tuileries, je voyais aussitôt un cercle se former autour de moi : les femmes mêmes faisaient un arc-en-ciel, nuancé de mille couleurs, qui m'entourait ; si j'étais aux spectacles, je trouvais d'abord cent lorgnettes dressées contre ma figure : enfin jamais homme n'a été tant vu que moi. Je souriais quelquefois d'entendre des gens qui n'étaient presque jamais sortis de leur chambre, qui disaient entre eux : « Il faut avouer qu'il a l'air bien persan. » Chose admirable ! Je trouvais de mes portraits partout ; je me voyais multiplié dans toutes les boutiques, sur toutes les cheminées : tant on craignait de ne m'avoir pas assez vu.

Tant d'honneurs ne laissent pas d'être à charge : je ne me croyais pas un homme si curieux et si rare ; et, quoique j'aie très bonne opinion de moi, je ne me serais jamais imaginé que je dusse troubler le repos d'une grande ville où je n'étais point connu. Cela me fit résoudre à quitter l'habit persan et à en endosser un à l'européenne, pour voir s'il resterait encore dans ma physionomie quelque chose d'admirable. Cet essai me fit connaître ce que je valais réellement : libre de tous les ornements étrangers, je me vis apprécié au plus juste. J'eus sujet de me plaindre de mon tailleur, qui m'avait fait perdre en un instant l'attention et l'estime publique : car j'entrai tout à coup dans un néant affreux. Je démeurais quelquefois une heure dans une compagnie sans qu'on m'eût regardé, et qu'on m'eût mis en occasion d'ouvrir la bouche. Mais si quelqu'un, par hasard, apprenait à la compagnie que j'étais Persan, j'entendais aussitôt autour de moi un bourdonnement : « Ah ! ah ! Monsieur est Persan ? C'est une chose bien extraordinaire ! Comment peut-on être Persan ? »

FRANÇOIS-MARIE AROUET, dit VOLTAIRE

(1694-1778)

Vie de Voltaire

Un poète mondain

■ François-Marie Arouet, dit Voltaire, naît à Paris. Son père est notaire. Il fait de bonnes études chez les Jésuites. Etudiant en droit assez négligent, il devient, à vingt et un ans, clerc chez un magistrat.

■ Un poème satirique contre le Régent le conduit à la Bastille pour onze mois. Il y lit Homère, Virgile, écrit une tragédie, le début d'une épopée. Sorti de prison, il fait représenter sa tragédie (*Œdipe*), publie son poème (*la Ligue*). Ces œuvres rencontrent le succès.

■ À vingt-quatre ans, Voltaire (il prend alors ce nom) triomphe comme poète mondain. Il donne trois pièces de théâtre pour le mariage du roi ; on lui accorde des pensions.

■ Mais une dispute avec un grand seigneur le renvoie en prison, à trente-deux ans. Il n'est autorisé à quitter la Bastille que pour s'exiler en Angleterre.

De l'Angleterre à Cirey

■ Il va passer trois années (1726-1729) en Angleterre, fréquentant les milieux politiques et littéraires, écrivant beaucoup. De retour à Paris, il fait représenter des tragédies inspirées de Shakespeare et un ouvrage qui critique la monarchie : *les Lettres philosophiques* ou *Lettres anglaises* (1734). De nouveau, il doit s'exiler pour échapper à la prison.

■ Il séjournera dix ans au château de Cirey, situé à proximité de la frontière lorraine : il aurait pu ainsi fuir en cas de menace. Mme du Châtelet, maîtresse des lieux, se passionne pour les sciences. Pour elle, Voltaire vulgarise la physique de Newton ; il écrit aussi des ouvrages d'histoire et de philosophie. Par ailleurs, il entretient une correspondance assidue, avec Paris notamment. Il attaque ses ennemis littéraires ou philosophiques par des pamphlets, parfois violents.

Paris, Berlin, « Les Délices »

■ En 1744, un nouveau ministre le rappelle à Versailles. Les débuts sont brillants, mais on s'offusque de sa familiarité. Il séjourne chez la Duchesse du Maine, y écrivant *Zadig* (1747), puis à la cour de Lorraine. Frédéric II l'accueille pendant deux ans à Berlin (1750-1753). Voltaire le quitte à la suite d'une brouille et passe deux ans en Alsace, dans une abbaye bénédictine où il étudie les Pères de l'Église.

■ Enfin, en 1755, il s'installe en Suisse, près de Genève et de la frontière française. Il nomme sa propriété « Les Délices » et y reçoit ses amis, fait du théâtre, s'engage dans la bataille de *l'Encyclopédie*. Il y écrit aussi l'un de ses chefs d'œuvre, *Candide ou l'Optimisme*, conte philosophique (1759). Mais il devient indésirable en Suisse, l'un de ses ouvrages étant défavorable au calvinisme, religion majoritaire à Genève. En 1760, Voltaire s'établit définitivement à Ferney, du côté français de la frontière franco-suisse.

Ferney

■ Il séjournera dix-huit ans à Ferney, presque jusqu'à sa mort. Il entretient une correspondance avec plusieurs souverains d'Europe et de nombreuses personnalités. Des ministres, des administrateurs de haut rang, acquis aux idées nouvelles, assurent la transmission de ses lettres. Pendant ces dix-huit années, Voltaire écrira quelques 6 000 missives, dont l'ensemble constitue l'un de ses chefs-d'œuvre. Voltaire met par ailleurs en scène la dizaine de tragédies qu'il compose alors, interprétant lui-même ses rôles.

Combats pour la justice

■ Il combat aussi pour la justice. À Toulouse, en 1762, le calviniste Jean Calas est accusé d'avoir assassiné son fils pour empêcher sa conversion au catholicisme. Voltaire, convaincu, après enquête, de l'innocence de Calas, mène un combat acharné pour sa réhabilitation. Il publie, en 1763, un traité sur la tolérance.

■ Il plaide plusieurs causes, notamment celle du chevalier de la Barre, accusé sans preuve d'avoir mutilé un crucifix et au domicile duquel on avait découvert un ouvrage interdit de Voltaire. Il défend également la cause de Lally-Tollendal, embastillé et décapité pour trahison, sans aucun interrogatoire.

Gloire et prospérité

- Entrepreneur par tempérament, heureux en affaire, Voltaire assure la prospérité de la région de Ferney. Entre autres, il bâtit, assèche des marais, améliore l'élevage. Il fait supprimer le lourd impôt sur le sel.
- Il meurt à quatre-vingt quatre ans, lors d'un dernier retour, triomphal, à Paris. Ses cendres sont transférées au Panthéon en 1791.

Les idées de Voltaire

- Voltaire est un polémiste. Il exprime ses idées à l'occasion de combats philosophiques et s'est toujours refusé à élaborer un système. Cependant, il n'a jamais varié sur l'essentiel.

Le « grand horloger »

- Pour Voltaire, la nature de Dieu, de l'âme, l'origine de la vie, la signification du mal sont des questions qui nous dépassent et qui ne provoquent, quand on s'en occupe, que disputes entre les hommes et angoisses intimes. Il estime, par exemple, que les *Pensées* de Pascal terrifient inutilement leurs lecteurs.
- Il croit en Dieu cependant, mais en un Dieu qui n'est pas le juge des hommes mais seulement le « grand horloger », le créateur d'une admirable machine. Mais il est bon, pense Voltaire, que la plupart des hommes croient en un Dieu qui récompense et qui punit : cette pensée les maintiendra dans l'honnêteté.

Comment être heureux ?

- Le bonheur des hommes, pour Voltaire, n'est pas entre les mains de Dieu, mais entre leurs propres mains. Il dépend de leur ingéniosité, de leur travail, de leur vertu. Le luxe, selon lui, n'est pas superflu : il est le signe même de la civilisation. Les beaux-arts, la vie de l'esprit, réservés, certes, à une élite, sont l'honneur du genre humain. Même s'il n'accède ni pas au luxe, le plus grand nombre a droit à la paix, à la liberté, à la justice, à un minimum de prospérité.
- La source de cette prospérité, selon Voltaire, est le commerce, l'industrie, une agriculture modernisée. Les corvées, impôts, douanes intérieures font obstacle à cette prospérité.
- De son vivant même, la pensée de Voltaire connaît une diffusion européenne. Elle est l'une des sources intellectuelles majeures de la Révolution française, avec la pensée de Jean-Jacques Rousseau.

Œuvres de Voltaire

1734	*Lettres philosophiques* ou *Lettres anglaises*, essai philosophique
1747	*Zadig* ou *La Destinée*, conte philosophique
1751	*le Siècle de Louis XIV*, essai historique
1752	*Micromégas*, conte philosophique
1756	*Essai sur les mœurs et l'esprit des nations*, essai
1759	*Candide ou l'Optimisme*, conte philosophique
1763	*Traité sur la tolérance*, essai
1764	*Dictionnaire philosophique portatif*, essai philosophique
1767	*l'Ingénu*, conte philosophique

CORRESPONDANCE

• Jean-Jacques Rousseau a adressé à Voltaire deux essais qui visent à montrer que les hommes sont bons et heureux à l'état de nature, et que la civilisation a fait tout leur malheur. Voici le début de la lettre où Voltaire le remercie de ses envois.

Vous remarquerez

• **L'ironie et l'esprit moqueur**

→ Caricature du point de vue de Rousseau, dont les ouvrages n'évoquent pas un retour effectif à l'état de nature. Voltaire défend par antiphrase et sur le ton de la fausse nostalgie les « horreurs » de la société humaine.

→ La moquerie, chez Voltaire, ne désarme jamais : la fin de l'extrait fait allusion à la ville natale de Rousseau, Genève, où il est mal vu.

• **L'estime**

→ Le persiflage de Voltaire n'exclut pas l'estime. L'expression « On n'a jamais employé tant d'esprit » et la deuxième phrase le prouvent.

30 août 1755

J'ai reçu, monsieur, votre nouveau livre contre le genre humain, je vous en remercie. Vous plairez aux hommes, à qui vous dites leurs vérités, mais vous ne les corrigerez pas. On ne peut peindre avec des couleurs plus fortes les horreurs de la société humaine, dont notre ignorance et notre faiblesse se promettent tant de consolations. On n'a jamais employé tant d'esprit à vouloir nous rendre bêtes ; il prend envie de marcher à quatre pattes, quand on lit votre ouvrage. Cependant, comme il y a soixante ans que j'en ai perdu l'habitude, je sens malheureusement qu'il m'est impossible de la reprendre et je laisse cette allure naturelle à ceux qui en sont plus dignes que vous et moi. Je ne peux non plus m'embarquer pour aller trouver les sauvages du Canada ; premièrement, parce que les maladies dont je suis accablé me retiennent auprès du plus grand médecin de l'Europe, et que je ne trouverais pas les mêmes secours chez les Missouris, secondement, parce que la guerre est portée dans ces pays-là, et que les exemples de nos nations ont rendu les sauvages presque aussi méchants que nous. Je me borne à être un sauvage paisible dans la solitude que j'ai choisie auprès de votre patrie, où vous devriez être.

CANDIDE OU L'OPTIMISME

Conclusion
Il faut cultiver notre jardin

• *Candide* est le conte philosophique le plus célèbre, sans doute, de Voltaire. Candide, un garçon sans malice, a reçu du philosohe Pangloss (*Tout langue* en grec) la leçon selon laquelle tout est bien dans le meilleur des mondes possibles. Chassé du château où il vivait heureux auprès de la belle Cunégonde, il découvre que le mal existe.

• Voltaire, dans ce conte, réagit contre les philosophes dont l'optimisme, qui est la « rage de soutenir que tout est bien quand on est mal », lui semble exagéré. Selon Leibniz, qu'il vise particulièrement, « tout est pour le mieux dans le meilleur des mondes possibles » : Dieu n'a pas créé un monde parfait, qui aurait été divin, mais il y a mis le moins de mal possible.

• Voltaire répond que « si tout n'est pas bien, tout est passable » et qu'il appartient aux hommes d'organiser eux-mêmes leur bonheur par les Lumières, par le travail. C'est le sens de la conclusion de *Candide*, dont voici les dernières lignes. Pangloss s'est lancé dans un nouvel éloge de l'optimisme. Candide finit par lui couper la parole.

Vous remarquerez

• **La critique des systèmes philosophiques**

→ À la fin du conte, Pangloss voit dans ses multiples péripéties un enchaînement de causes. Candide récuse ce raisonnement qui n'est plus, à ses yeux, qu'un beau discours.

• **Une image du bonheur**

→ Des individus malmenés par la vie trouvent la sérénité et le bien-être. Candide reproduit, en réduction, l'expérience de Voltaire à Ferney : créer les conditions du bonheur par l'organisation d'une vie industrieuse où chacun trouve sa place.

• **Une conclusion souriante et sereine**

→ Dernière caricature des protagonistes : Pangloss toujours optimiste, Cunégonde devenue « bien laide », frère Giroflée devenu « honnête homme ».

→ Mais, désormais, chacun œuvre à sa place, dans une sédentarité apaisée.

Vous savez... Je sais aussi, dit Candide, qu'il faut cultiver notre jardin. Vous avez raison, dit Pangloss ; car quand l'homme fut mis dans le jardin d'Éden, il y fut mis *ut operaretur eum*, pour qu'il travaillât : ce qui prouve que l'homme n'est pas né pour le repos. « Travaillons sans raisonner, dit Martin ; c'est le seul moyen de rendre la vie supportable. »

Toute la petite société entra dans ce louable dessein ; chacun se mit à exercer ses talents : la petite terre rapporta beaucoup. Cunégonde était, à la vérité, bien laide, mais elle devint une excellente pâtissière; Paquette broda, la vieille eut soin du linge. Il n'y eut pas jusqu'à frère Giroflée qui ne rendît service; il fut un très bon menuisier, et même devint honnête homme; et Pangloss disait quelquefois à Candide: « Tous les événements sont enchaînés dans le meilleur des mondes possibles; car enfin, si vous n'aviez pas été chassé d'un beau château à grands coups de pied dans le derrière pour l'amour de Mlle Cunégonde, si vous n'aviez pas été mis à l'Inquisition, si vous n'aviez pas couru l'Amérique à pied, si vous n'aviez pas donné un bon coup d'épée au baron, si vous n'aviez pas perdu tous vos moutons du bon pays d'Eldorado, vous ne mangeriez pas ici des cédrats confits et des pistaches. » Cela est bien dit, répondit Candide; mais il faut cultiver notre jardin.

JEAN-JACQUES ROUSSEAU

(1712-1778)

Vie de Jean-Jacques Rousseau

Enfance et vie errante, Madame de Warrens

■ Rousseau naît à Genève dans une famille protestante d'origine française. Sa mère meurt en le mettant au monde. Son père, horloger le laisse, très jeune, puiser librement dans sa bibliothèque. De dix ans à douze ans, Rousseau est en pension chez un pasteur, à la campagne; il y vit dans une heureuse insouciance.

■ La pieuse mais fantasque Madame de Warens le recueille à l'âge de quinze ans à Annecy et l'envoie se convertir au catholicisme dans un établissement de Turin. À dix-sept ans, en 1729, il retourne chez Madame de Warens qu'il appelle désormais « Maman ».

■ Puis recommence la vie errante: Lausanne, Neuchâtel et enfin Paris, où il pense devenir précepteur: on ne lui offre qu'une place de laquais. Il retourne à nouveau auprès de Madame de Warens, désormais établie à Chambéry.

■ Suivent six années dans l'intimité de Madame de Warens. Il complète, seul, son éducation. Puis, en 1735, il regagne Paris, après un bref séjour à Lyon.

Paris et Venise

■ À Paris, Rousseau vit de leçons de musique, devient le secrétaire d'une grande dame. Celle-ci lui procure un emploi de secrétaire auprès de l'ambassadeur de France à Venise. Il se brouille avec celui-ci et rentre à Paris. Il vit alors dans la pauvreté mais, devenu l'ami intime de Diderot, collabore à l'*Encyclopédie*[1].

1. Voir p. 115.

■ À cette époque, il se lie avec une servante d'auberge dépourvue d'éducation, Thérèse Levasseur. Cinq enfants, semble-t-il, naissent de cette liaison, que Rousseau mettra aux « Enfants trouvés ».

La célébrité

■ Rousseau veut s'écarter de la vie mondaine. Mais il obtient en 1750 le prix de l'Académie de Dijon pour un *Discours sur les sciences et les arts* où il dénonce les méfaits de la civilisation, prônant une vie simple et vertueuse.

■ Un opéra représenté deux ans plus tard, *le Devin de village*, rencontre un immense succès. En 1755, dans un discours sur l'inégalité, il défend l'idée de la bonté naturelle de l'homme.

Montmorency puis une vie d'exil

■ Au cours d'un séjour à Genève, en 1756, il abjure le catholicisme. De retour en France, il va passer six années à Montmorency. Vivant seul, brouillé avec ses anciens amis, notamment avec Diderot, il se consacre à son œuvre : un *Dictionnaire de musique*, *Du Contrat social*, ouvrage de philosophie politique, *Émile*, grand ouvrage sur l'éducation et un long roman par lettres dont le succès fut considérable, *la Nouvelle Héloïse*.

■ Cependant, en 1762, un texte traitant de religion, la *Profession de foi du vicaire savoyard*, le met sous la menace de la prison. Il se réfugie en Suisse. Pendant huit années, Rousseau mène une vie errante (tour à tour en Suisse, en Angleterre et en France), chassé de ses asiles successifs par des persécutions imaginaires ou réelles (celle de Voltaire, notamment).

Une fin apaisée

■ En 1770, âgé de cinquante-huit ans, il est de retour à Paris. Il y vit seul et pauvre. Se croyant toujours persécuté, il écrit pour se justifier la fin d'une autobiographie, les *Confessions*, commencée en 1765 pendant ses années d'exil. Puis, apaisé, il donne un dernier chef d'œuvre, *les Rêveries du promeneur solitaire*.

■ Rousseau meurt à soixante-six ans, au château d'Ermenonville. Ses cendres seront transférées au Panthéon en 1794.

Grandes œuvres de Rousseau

1750	*Discours sur les sciences et les arts*, essai
1755	*Discours sur l'origine de l'inégalité*, essai
1761	*Julie ou la Nouvelle Héloïse*, roman épistolaire
1762	*Du Contrat social*, ouvrage de philosophie politique
1762	*Émile ou De l'Education*, traité d'éducation romancé
1765-1770	*Confessions*, autobiographie
1776-1778	*Rêveries du promeneur solitaire*, essais autobiographiques

DISCOURS SUR L'ORIGINE DE L'INÉGALITÉ

• Le *Discours sur l'origine de l'inégalité* soutient que la société organisée, née de la propriété, a corrompu les hommes et a provoqué l'inégalité entre eux. Voici la description d'une étape de ce processus.

Vous remarquerez

• **Une image de l'âge d'or**

→ Image inspirée, en partie, des récits des navigateurs (l'anglais Cook, le français Bougainville), qui découvrent alors les îles du pacifique. Rousseau, comme Diderot, accrédite le mythe du « bon sauvage ».

• **Un principe de socio-économie**

→ Selon Rousseau, la propriété crée autant de richesses que de misères.

• **Une démonstration limpide**

→ De longues phrases idéalement rythmées ; à la fin, des contrastes à la fois violents et sobres, disposés « en chiasme » (de manière croisée) : *campagnes riantes/sueur des hommes, esclavage et misère/moissons.*

Tant que les hommes se contentèrent de leurs cabanes rustiques, tant qu'ils se bornèrent à coudre leurs habits de peaux avec des épines ou des arêtes, à se parer de plumes et de coquillages, à se peindre le corps de diverses couleurs, à perfectionner ou embellir leurs arcs et leurs flèches, à tailler avec des pierres tranchantes quelques canots de pêcheurs, ou quelques grossiers instruments de musique, en un mot, tant qu'ils ne s'appliquèrent qu'à des ouvrages qu'un seul pouvait faire, et qu'à des arts *(= métiers)* qui n'avaient pas besoin du concours de plusieurs mains, ils vécurent libres, sains, bons et heureux autant qu'ils pouvaient l'être par leur nature et continuèrent à jouir entre eux des douceurs d'un commerce indépendant, mais dès l'instant qu'un homme eut besoin du secours d'un autre, dès qu'on s'aperçut qu'il était utile à un seul d'avoir des provisions pour deux, l'égalité disparut, la propriété s'introduisit, le travail devint nécessaire et les vastes forêts se changèrent en des campagnes riantes qu'il fallut arroser de la sueur des hommes, et dans lesquelles on vit bientôt l'esclavage et la misère germer et croître avec les moissons.

JULIE OU LA NOUVELLE HÉLOÏSE

IV, 17

• Ce roman par lettres, qui fut l'un des plus grands succès du siècle, est une histoire d'amour, mais aussi un panorama de ce qui représentait l'image du bonheur : bienfaits de la musique, de la montagne, éducation des enfants par la douceur, bonne gestion d'un domaine, art des jardins.

• L'histoire d'amour, riche de sentiments intenses mais cachés, est plus qu'un fil conducteur et fait date dans l'histoire de la sensibilité : Saint-Preux, précepteur de la belle Julie, s'éprend de son élève : amour platonique et douloureux. Le mariage de Julie avec Monsieur de Wolmar éloigne pour plusieurs années Saint-Preux. Puis celui-ci mène, auprès du couple, une vie pure et innocente. Pourtant, une promenade en barque réveille un instant la passion.

Vous remarquerez

- **Les règles du roman par lettres**

→ Dans le roman épistolaire, chaque lettre est censée agir sur le personnage destinataire. Parfois, il s'agit de communiquer haine, passion, ou de tromper ; il s'agit ici d'inspirer la sympathie.

→ Saint-Preux raconte cette promenade dans une lettre à un ami, (première personne du singulier et temps du passé). Le narrateur ne prend guère de distance avec ce qu'il vient de vivre.

- **Le style de l'émotion douce**

→ Un vocabulaire simple, une absence totale d'images (comparaisons, métaphores) et d'effets d'éloquence (répétitions, interrogations, exclamations, anti-thèses).

→ Une musicalité raffinée : rythme des phrases, alternance euphonique des voyelles et des consonnes.

- **Le « préromantisme »**

→ La promenade au clair de lune, sentimentale et mélancolique, un état d'âme changeant, complexe, fortement individualisé : rien n'est plus étranger à l'art classique (celui de Racine, par exemple) où les personnages se confondaient avec leur passion, dans un décor neutre.

→ Rousseau annonce ici le « vague des passions », les mouvements flous de l'âme, l'harmonie du paysage et du sentiment, traits que le romantisme mettra en vedette un demi-siècle après *la Nouvelle Héloïse*.

Revenus lentement au port après quelques détours, nous nous séparâmes. Elle voulut rester seule, et je continuai de me promener sans trop savoir où j'allais. À mon retour, le bateau n'étant pas encore prêt, ni l'eau tranquille, nous soupâmes tristement, les yeux baissés, l'air rêveur, mangeant peu et parlant encore moins. Après le souper, nous fûmes nous asseoir sur la grève en attendant le moment du départ. Insensiblement la lune se leva, l'eau devint plus calme, et Julie me proposa de partir. Je lui donnai la main pour entrer dans le bateau ; et, en m'asseyant à côté d'elle, je ne songeai plus à quitter sa main. Nous gardions un profond silence. Le bruit égal et mesuré des rames m'excitait à rêver. Le chant assez gai des bécassines, me retraçant les plaisirs d'un autre âge, au lieu de m'égayer m'attristait. Peu à peu je sentis augmenter la mélancolie dont j'étais accablé. Un ciel serein, la fraîcheur de l'air, les doux rayons de la lune, le frémissement argenté dont l'eau brillait autour de nous, le concours des plus agréables sensations, la présence même de cet objet *(= être)* chéri, rien ne put détourner de mon cœur mille réflexions douloureuses.

DENIS DIDEROT

(1713-1784)

Vie de Diderot

La jeunesse

- Diderot naît à Langres. Son père est coutelier; la famille vit dans l'aisance. Élève brillant des Jésuites de Langres, il poursuit des études littéraires à Paris.
- Jusqu'à trente ans, il mène dans la capitale une vie de bohème. À cette époque, il perd la foi. Par ailleurs, il se lie d'amitié avec Jean-Jacques Rousseau.
- En 1743, il épouse une lingère, malgré l'opposition paternelle. Le ménage ne sera pas heureux, mais Diderot aimera beaucoup sa fille, née en 1753.

Le combat philosophique et la prison

- Entre 1745 et 1749, Diderot publie divers ouvrages philosophiques et un roman libertin, *les Bijoux indiscrets*. Un essai intitulé *Lettre sur les aveugles à l'usage de ceux qui voient* présente un monde sans dieu, purement matérialiste.
- Cet écrit conduit Diderot en prison. Il est enfermé au château de Vincennes de juillet à novembre 1749. Il a 36 ans.

L'aventure de l'encyclopédie

- En 1745, le libraire Le Breton avait confié à Diderot la rédaction d'une encyclopédie. Cette tâche occupera le philosophe jusqu'en 1772. Diderot recrute des collaborateurs, relit et classe les manuscrits, les soumet à la censure, rédige lui-même des centaines d'articles. Surtout, il doit affronter le parti religieux qui est sur le point, à plusieurs reprises, d'obtenir l'interdiction de l'ouvrage.
- En effet, sans être explicitement antireligieuse, l'*Encyclopédie* veut abattre les préjugés et faire triompher la raison en présentant toutes les

branches du savoir et de l'activité humaine. Bien éloignée de l'idée religieuse de providence, l'*Encyclopédie*, se propose de contribuer au progrès de la civilisation et au bonheur de l'humanité.

Une activité débordante

■ L'un des plus proches amis de Diderot est l'écrivain allemand Grimm, qui vit à Paris. En collaboration avec ce dernier, Diderot s'occupe de la *Correspondance littéraire*, un périodique servi, sous forme manuscrite, à de très riches abonnés – parmi lesquels plusieurs souverains – qui y trouvent un compte rendu de l'actualité des lettres et de la pensée.

■ Diderot entretient par ailleurs une riche correspondance, en particulier avec sa bonne et fidèle amie, Sophie Volland. Il s'occupe aussi de théâtre, publiant deux drames et des traités d'art dramatique, dont un *Paradoxe sur le comédien* (1773) où il soutient que l'acteur, loin d'être un passionné, calcule au contraire froidement ses effets.

■ À ces activités s'ajoute la critique d'art: Diderot rend compte des expositions officielles (*les Salons*, 1759-1781). Il poursuit également son œuvre de conteur, de romancier et d'essayiste.

Le voyage de Russie

■ En 1765, pour doter sa fille, il vend sa bibliothèque à Catherine de Russie, qui lui en laisse la jouissance. En 1773, il fait le voyage en Russie via les Pays-Bas. Sur place, il pense avoir découvert en Catherine II un « despote éclairé », une souveraine amie des Lumières et soucieuse du bonheur de son peuple. Dans les dix dernières années de sa vie, il écrit encore d'importants ouvrages d'histoire et de philosophie.

Œuvres de Diderot

1745-1772 *Encyclopédie* (participation à la conception et à la rédaction)
1746 *Pensées philosophiques*, essai
1749 *Lettre sur les aveugles à l'usage de ceux qui voient*, essai
1760 *la Religieuse*, roman
1762 *le Neveu de Rameau*, dialogue
1765 *Jacques le Fataliste*, roman
1769 *le Rêve de d'Alembert*, dialogue philosophique
1773 *le Paradoxe sur le comédien*, essai

JACQUES LE FATALISTE

Tout est écrit

- Diderot voudrait fonder une morale non sur des principes religieux mais sur une connaissance objective de l'homme. Il définit donc celui-ci, dans un premier temps, non comme un être doué de jugement, mais comme un organisme. L'homme est un instrument doué de sensibilité et de mémoire.
- Il commence par éliminer toute croyance en Dieu, incompatible, selon lui, avec l'existence du mal. En outre, pour notre philosophe, la crainte de Dieu fait obstacle au bonheur : « Le beau projet, écrit-il que celui d'un dévot qui se tourmente comme un forcené pour ne rien désirer, ne rien aimer, ne rien sentir, et qui finirait par devenir un vrai monstre s'il réussissait ! »
- Reste à définir une morale : « l'homme est-il bon ? Est-il méchant ? » se demande Diderot, sans pouvoir trancher. Si Dieu n'existe pas, le destin de l'homme a-t-il un sens ? *Jacques le Fataliste*, roman en grande partie dialogué, ne cesse de poser la question : le Maître se sent libre et Jacques, son serviteur, répète, en bon fataliste, que « tout est écrit ».

Vous remarquerez

- **Un lecteur libéré de la fiction**

→ Dialogue aux rythmes et aux tons variés, entrecoupé de récit, *Jacques le Fataliste* joue avec le sentiment de la fiction : le romancier lui-même prend la parole, interpelle le lecteur, puis rend, pour un temps, leur liberté aux personnages.

→ Des romanciers anglais, Sterne, Richardson, avaient inauguré cette désinvolture par rapport aux impératifs de la fiction.

- **La question de la liberté**

→ Jacques ne croit pas en la liberté, mais il se comporte, en définitive, comme s'il était libre, faisant le bien, évitant le mal.

→ Diderot lui-même, en matière de libre arbitre, n'a jamais vraiment tranché : il avoue que son cœur croit à la liberté et sa raison au déterminisme.

Jacques ne connaissait ni le nom de vice, ni le nom de vertu ; il prétendait qu'on était heureusement ou malheureusement né. Quand il entendait prononcer les mots *récompenses* ou *châtiments*, il haussait les épaules. Selon lui la récompense était l'encouragement des bons ; le châtiments, l'effroi des méchants. Qu'est-ce autre chose, disait-il, s'il n'y a point de liberté, et que notre destinée soit écrite là-haut ? Il croyait qu'un homme s'acheminait aussi nécessairement à la gloire ou à l'ignominie, qu'une boule qui aurait la conscience d'elle-même suit la pente d'une montagne ; et que, si l'enchaînement des causes et des effets qui forment la vie d'un homme depuis le premier instant de sa naissance jusqu'à son dernier soupir nous était connu, nous resterions convaincus qu'il n'a fait que ce qu'il était nécessaire de faire. [...] D'après ce système, on pourrait imaginer que Jacques ne se réjouissait, ne s'affligeait de rien ; cela n'était pourtant pas vrai. Il se conduisait à peu près comme vous et moi. Il remerciait son bienfaiteur, pour qu'il fît encore du bien. Il se mettait en colère contre l'homme injuste ; et quand on lui objectait qu'il ressemblait alors au chien qui mord la pierre qui l'a frappé : « Nenni, disait-il, la pierre mordue par le chien ne se corrige pas ; l'homme injuste est corrigé par le bâton ». Souvent il était inconséquent comme vous et moi, et sujet à oublier ses principes, excepté dans quelques circonstances où sa philosophie le dominait évidemment ; c'était alors qu'il disait : « Il fallait que cela fût, car cela était écrit là-haut. »

PIERRE-AUGUSTIN CARON DE BEAUMARCHAIS

(1732-1799)

Vie de Beaumarchais

De Pierre-Augustin Caron à M. de Beaumarchais

■ Beaumarchais naît à Paris. Son père tient une boutique d'horlogerie. Il quitte l'école à treize ans et devient apprenti horloger. À vingt et un ans, il apporte au mécanisme des montres une amélioration décisive : on le nomme horloger du roi.

■ Deux ans plus tard, il achète la charge d'un administrateur de la maison royale, et il épouse sa veuve. Les filles de Louis XV apprécient ses talents d'amuseur et de musicien. Par leur truchement, et par celui d'un grand financier, il accède à une charge plus importante qui entraîne son anoblissement. En 1761, à vingt-neuf ans, il se nomme M. de Beaumarchais.

Aventure en Espagne

■ Un Espagnol ayant manqué à sa promesse d'épouser l'une de ses cinq sœurs, Beaumarchais se rend à Madrid en 1764-1765. Il obtient des sanctions contre l'infidèle, écrit une version enjolivée de l'événement. Il semble avoir traité aussi, en Espagne, des affaires considérables.

Agent secret

■ L'entourage royal le charge de missions secrètes : défendre à Londres Mme du Barry, favorite du roi, contre des attaques de journalistes. Suit une mission périlleuse en Allemagne. En 1775, Beaumarchais se fait le prête-nom du gouvernement français qui souhaite fournir armes et équipements aux insurgés des colonies anglaises d'Amérique.

Beaumarchais édite Voltaire

■ En 1783, Beaumarchais lance une édition des œuvres complètes de Voltaire. Pour éviter la censure, l'impression a lieu à Kehl. Cette publication, qui s'achève au début de la Révolution française, montre la sympathie de son maître d'œuvre pour les Lumières.

Beaumarchais et le théâtre

■ À trente-cinq ans, en 1767, Beaumarchais inaugure une carrière théâtrale par un mélodrame, *Eugénie*, qui cherche à émouvoir par des effusions vertueuses. Trois ans plus tard, un nouveau drame, *les Deux amis* exalte l'honnêteté et l'amitié. Aucune de ces deux œuvres ne rencontre le succès.

■ Mais, en 1775, le public acclame une comédie gaie, *le Barbier de Séville*. En 1784, *le Mariage de Figaro*, nouvelle comédie gaie fait sensation. La pièce apparaît, avec le recul, comme un signe avant-coureur de la Révolution.

Dernières aventures

■ En 1791, en pleine Révolution, Beaumarchais s'installe dans sa somptueuse maison près de la Bastille ! Cet étalage de luxe suscite des critiques et des soupçons.

■ Pourtant, il œuvre pour la Révolution : il voyage, non sans risques, pour négocier l'achat de 60 000 fusils en Hollande. En 1795, après trois ans d'efforts, l'affaire échoue. Beaumarchais se retrouve sans ressources à Hambourg, tenu à tort pour un ennemi de la Révolution.

■ C'est un homme vieilli, sourd, qui rentre à Paris en 1796. Il y meurt trois ans plus tard, à soixante-sept ans.

Grandes œuvres de Beaumarchais

1775	*le Barbier de Séville*, comédie
1784	*le Mariage de Figaro*, comédie

LE MARIAGE DE FIGARO

V, 3

• Le comte Almaviva, naguère amoureux de la comtesse, est maintenant attiré par Suzanne, la femme de chambre et confidente de celle-ci. Il lui propose un rendez-vous le jour même de son mariage avec Figaro, son serviteur.
• Figaro, bouleversé, se croit trahi par Suzanne : elle aurait fait passer un billet doux au comte pendant la cérémonie du mariage ! Un flot de paroles traduit sa détresse.
• Voici le début de son célèbre monologue, le plus long, sans doute, du grand répertoire français (les lignes que nous citons représentent le sixième de l'ensemble).

Vous remarquerez

• **Une situation de comédie**

→ Le mari trompé (ou croyant l'être), la critique des femmes : éléments traditionnels de la comédie.

→ Mais Beaumarchais ose innover : est évoquée ici une scène vue, auparavant, par le spectateur. La seule matière dramatique est l'agitation de Figaro. L'auteur trouve le style heurté, direct, désordonné, d'un monologue intérieur qui voudrait être un défi face à face.

• **Un climat révolutionnaire**

→ Cinq ans avant la Révolution, certaines formules annoncent l'abolition des privilèges de la noblesse et l'Article Premier de la *Déclaration des Droits de l'Homme.*

• **Un langage nuancé et « naturel »**

→ Un langage pensé non pour des lecteurs mais pour des comédiens : exclamations, interjections, phrases courtes, interrompues, parfois sans verbe. Aucun effet d'éloquence. Une grande partie des nuances dépendent des acteurs.

FIGARO, *seul, se promenant dans l'obscurité, dit du ton le plus sombre* : O femme ! Femme ! Femme ! Créature faible et décevante *(= trompeuse)* !... Nul animal créé ne peut manquer à son instinct ; le tien est-il donc de tromper ?... Après m'avoir obstinément refusé quand je l'en pressais devant sa maîtresse ; à l'instant qu'elle me donne sa parole ; au milieu même de la cérémonie... Il riait en lisant, le perfide ! Et moi, comme un benêt... ! Non, Monsieur le Comte, vous ne l'aurez pas... vous ne l'aurez pas... Parce que vous êtes un grand Seigneur, vous vous croyez un grand génie !... Noblesse, fortune, un rang, des places : tout cela rend si fier ! Qu'avez-vous fait pour tant de biens ? Vous vous êtes donné la peine de naître, et rien de plus ; du reste, homme assez ordinaire ! Tandis que moi, morbleu ! Perdu dans la foule obscure, il m'a fallu déployer plus de science et de calculs pour subsister seulement, qu'on n'en a mis depuis cent ans à gouverner toutes les Espagnes : et vous voulez jouter *(= lutter)*... On vient... c'est elle... ce n'est personne. – La nuit est noire en diable, et me voilà faisant le sot métier de mari, quoique je ne le sois qu'à moitié !

PIERRE-AMBROISE CHODERLOS de LACLOS

(1741-1803)

Vie de Laclos

Un militaire de carrière

- Pierre-Ambroise Choderlos de Laclos naît à Amiens dans une famille de petite noblesse.
- Au sortir d'une école militaire, à vingt-deux ans, il choisit l'artillerie et subit une triste vie de garnison : Toul, Strasbourg, Grenoble, Besançon, Valence.

Un écrivain scandaleux

- Il publie des poèmes galants, des contes érotiques, un opéra comique représenté à Paris en 1777, sans aucun succès. Nommé capitaine en 1779, il dirige la construction des fortifications de l'île d'Aix.
- Il y écrit (ainsi que pendant ses permissions à Paris) un roman par lettres, *les Liaisons dangereuses*, qui remporte dès sa publication, en 1782, un immense succès de scandale : deux mille exemplaires de l'ouvrage sont vendus en un mois.

Bonheur conjugal

- L'auteur poursuit sa carrière militaire à La Rochelle, où il restaure l'arsenal. En 1786, à quarante-cinq ans, il se marie. Il connaîtra un vrai bonheur conjugal.

Activité révolutionnaire

- Il quitte l'armée en 1788, à quarante-sept ans. Le duc d'Orléans, prince progressiste connu sous le nom de Philippe-Égalité, l'engage comme secrétaire. En son nom, il rédige des écrits favorables à l'abolition des privilèges.

■ Danton, son autre protecteur, le fait nommer commissaire du pouvoir exécutif et il contribue, par ses conseils, à la victoire de Valmy.

Général de Bonaparte

■ En 1792, il reprend du service en qualité de général de brigade. En 1800, Bonaparte l'envoie à l'armée du Rhin, puis l'emmène en Italie.

■ Nommé en 1803 commandant de l'artillerie française de Naples, il y meurt de la dysentrie.

Œuvres de Laclos

1777	*Ernestine*, opéra comique
1782	*les Liaisons dangereuses*, roman par lettres
1783	*De l'Éducation des femmes*, essai

LES LIAISONS DANGEREUSES

Lettre XXIII

• Roman par lettres (ou roman épistolaire), *les Liaisons dangereuses*, montre deux héros lucides et froids qui abusent de la naïveté d'âmes sensibles et les conduisent à leur perte. La technique du roman par lettre permet de multiplier les points de vue et de rendre énigmatique la signification du roman.

• Madame de Merteuil et le vicomte de Valmont, son ancien amant, sont liés par une commune corruption morale, qu'on nommait, au 18e siècle « libertinage[1] ». Le vicomte parie avec la marquise qu'il parviendra à séduire la vertueuse Présidente de Tourvel. Dans une lettre à Mme de Merteuil, il rapporte à celle-ci ses premières manœuvres de séducteur : il fait l'aumône à des paysans dont on avait saisi les meubles et s'est arrangé pour que la Présidente l'apprenne.

• Seul avec celle-ci, il exploite sa ruse.

1. Voir p. 92.

Vous remarquerez

- **La stratégie de Valmont**

→ Il fera croire à la Présidente de Tourvel que son geste de charité, venant d'un libertin, est un secret gage d'amour (« un hommage pur que vous ignoreriez toujours »). Mais il s'est arrangé pour que ce geste lui soit connu.

- **La multiplication des points de vue**

→ Valmont raconte à Mme de Merteuil comment la Présidente de Tourvel tombe dans son piège. Interrompant le récit, les parenthèses s'adresse directement à la destinataire de la lettre. Il est donc fait part au lecteur du point de vue du Valmont, de celui de la Présidente (par l'intermédiaire de Valmont), et les parenthèses aident le lecteur à imaginer le point de vue de Mme de Merteuil à la lecture du récit.

- **La prose de Laclos**

→ Vocabulaire réduit. Phrases souvent brèves.

→ Constructions parallèles (« sans essayer de vous atteindre, j'ai au moins essayé de vous suivre »).

→ Un style élégant par sa sobriété et sa concision ; peu de mots disent beaucoup : l'ironie (« l'aimable Prêcheuse »).

de M. de Valmont à Mme de Merteuil

Je n'eus pas la peine de diriger la conversation où je voulais la conduire. La ferveur de l'aimable Prêcheuse me servit mieux que n'aurait pu faire mon adresse. « Quand on est si digne de faire le bien, me dit-elle, en arrêtant sur moi son doux regard : comment passe-t-on sa vie à mal faire ? – Je ne mérite, lui répondis-je, ni cet éloge, ni cette censure *(= critique)* ; et je ne conçois pas qu'avec autant d'esprit que vous en avez, vous ne m'ayez pas encore deviné. Dût ma confiance me nuire auprès de vous, vous en êtes trop digne, pour qu'il me soit possible de vous la refuser. Vous trouverez la clef de ma conduite dans un caractère malheureusement trop facile. Entouré de gens sans mœurs, j'ai imité leurs vices ; j'ai peut-être mis de l'amour-propre à les surpasser. Séduit de même ici par l'exemple des vertus, sans espérer de vous atteindre, j'ai au moins essayé de vous suivre. Eh ! Peut-être l'action dont vous me louez aujourd'hui perdait-elle tout son prix à vos yeux, si vous en connaissiez le véritable motif ! (Vous voyez, ma belle amie[1], combien j'étais près de la vérité.) Ce n'est pas à moi, continuai-je, que ces malheureux ont dû mes secours. Où vous croyez voir une action louable, je ne cherchais qu'un moyen de plaire. Je n'étais, puisqu'il faut le dire, que le faible agent de la Divinité que j'adore (ici elle voulut m'interrompre ; mais je ne lui en donnai pas le temps). Dans ce moment même, ajoutai-je, mon secret ne m'échappe que par faiblesse. Je m'étais promis de vous le taire ; je me faisais un bonheur de rendre à vos vertus comme à vos appas un hommage pur que vous ignoreriez toujours ; mais, incapable de tromper, quand j'ai sous les yeux l'exemple de la candeur, je n'aurai point à me reprocher avec vous une dissimulation coupable.

(1) Madame de Merteuil.

Le XIXe siècle

Dans le domaine des arts et des lettres, le XIXe siècle est une période de diversité. En France, le romantisme est représenté dans la peinture par Delacroix, dans la musique par Berlioz. Courbet donne de bons exemples de réalisme pictural, mais il n'existe pas de réalisme musical. Le symbolisme, en revanche, est représenté dans tous les arts.

L'ensemble le plus homogène (et presque complètement oublié aujourd'hui) est le néo-classicisme représenté par la peinture « pompier », par une grande partie de l'architecture, par de nombreux compositeurs et écrivains dont la postérité n'a pas retenu les œuvres.

Le XIXe siècle

Repères historiques

Premier Empire : 1804-1815

■ Mettant fin à la Révolution française, Napoléon Bonaparte est sacré Empereur en 1804 et prend le nom de Napoléon Ier. C'est la période du Ier Empire. Il fait régner l'ordre de manière autoritaire et conquiert, avec la « Grande armée », une partie importante de l'Europe.

Restauration : 1815 -1830

■ Napoléon est battu à Waterloo en 1815, par les souverains des pays d'Europe qu'il n'a pas conquis. La France retrouve ses rois : Louis XVIII jusqu'en 1824, puis Charles X. C'est la période de la Restauration.

■ Charles X est chassé par les journées révolutionnaires de juillet 1830 appelées « les Trois Glorieuses ».

Monarchie de Juillet : 1830-1848

■ Le roi Louis-Philippe monte alors sur le trône et laisse la bourgeoisie accéder au pouvoir. C'est la Monarchie de Juillet.

■ Cependant, une forte opposition exige davantage de démocratie. En 1848, le peuple de Paris chasse Louis-Philippe.

Seconde République : 1848-1851

■ La Seconde République est proclamée. Cependant, elle ne parvient pas à réaliser les rêves de liberté qui étaient ceux de nombreux romantiques. Elle succombe rapidement à ses divisions intérieures.

Second Empire : 1851-1870

■ Le 2 décembre 1851, un parent de Napoléon se fait proclamer empereur sous le nom de Napoléon III. C'est la période du Second Empire. Ce régime, d'abord autoritaire, devient ensuite libéral.

■ Mais la France perd la guerre contre la Prusse en 1870. Napoléon est fait prisonnier et perd le pouvoir.

Troisième République : 1870-1940

■ Après un début de Révolution à Paris (la « Commune »), la Troisième République est proclamée.

■ Ce régime durera soixante-dix ans, jusqu'à la défaite française devant les troupes de Hitler en 1940.

Repères littéraires

■ Le XIXe siècle français a connu plusieurs mouvements littéraires. Chacun possédait des caractéristiques précises.

Le romantisme

■ La littérature romantique domine la première moitié du XIXe siècle. Le grand prosateur Chateaubriand, les poètes Lamartine, Vigny, Hugo, Musset (ces trois derniers également dramaturges) sont des romantiques. Hugo, comme Balzac et Stendhal introduisent une part de romantisme dans le genre romanesque.

■ Le romantisme se détourne du rationalisme des Lumières au profit de l'imagination, de la sensibilité, de l'exaltation du moi, de la communion avec la nature. Mais le romantique ne peut ignorer l'esprit critique du XVIIIe siècle, ce qui le rend parfois amère, ironique, sarcastique. Cependant il tend, souvent, à la démesure : le poète croit à son génie, se sent chargé d'une mission prophétique, le romancier pense pénétrer les secrets de la psychologie humaine et de la mécanique sociale, le dramaturge brise les règles étroites du classicisme en s'inspirant de Shakespeare (1564-1616).

Le réalisme

■ L'essor des sciences expérimentales et le progrès technique provoquent une réaction contre le romantisme dans la seconde moitié du siècle. Déjà Stendhal et Balzac, dans les années 1830-1850, pratiquent, en un sens, le réalisme : leurs héros éprouvent des sentiments romantiques, mais les romanciers, quant à eux, cherchent passionnément le vrai, le réel.

■ Flaubert, après 1850, ne scrutera la réalité, dans ses romans, qu'en détruisant impitoyablement des rêves romantiques.

■ Zola, dans le dernier quart du siècle, pousse le réalisme jusqu'au *naturalisme* : le romancier enquête sur le terrain et défend une théorie d'origine scientifique.

le XIXe siècle

Le Parnasse

■ Par ailleurs, vers 1860, un groupe de poètes se détourne des effusions romantiques. Ces artistes vouent un culte à la perfection formelle : parmi eux, Théophile Gautier, Leconte de Lisle, José-Maria de Hérédia. Parfaits techniciens du vers, ils excellent dans la description, souvent exotique ou antique.

■ Fiers de leur maîtrise et de la belle sérénité de leurs œuvres, ils se laissent nommer *parnassiens*, du nom de la montagne où séjournaient, selon le mythe grec, Apollon et les Muses.

Le symbolisme

■ D'autres écrivains, cependant, voient le caractère décevant, vulgaire de la réalité et aspirent à un idéal proche, parfois, du surnaturel. Parmi eux, des romanciers comme Barbey d'Aurevilly, Villiers de l'Isle-Adam, et Joris-Karl Huysmans.

■ On regroupe les poètes appartenant à cette tendance sous le nom de symbolistes. Les grands précurseurs sont Nerval et Baudelaire, dont les œuvres paraissent peu après le milieu du siècle. La confidence, chez eux, devient allusive, voilée. De mystérieuses correspondances s'établissent, par le biais des mots, entre les idées, les sensations et les rêves.

■ La génération suivante, celle de Verlaine, de Rimbaud, de Mallarmé, offre de moins en moins au lecteur de pensées, de descriptions, de narrations organisées. Désormais priment, dans un climat musical, des suggestions qui visent l'inexprimable. Rimbaud, Mallarmé en viennent à renoncer aux règles usuelles de la grammaire. Ce travail sur le langage deviendra le caractère central d'une grande partie de l'art moderne.

Le XIXe siècle

LES RÈGNES

1804 Premier Empire **1814** – Napoléon Ier
1814 Restauration **1830** – Louis XVIII-Charles X
1830 Monarchie de Juillet **1848** – Louis-Philippe
1848 IIe République **1852** – Louis-Napoléon
1852 Second Empire **1870** – Napoléon III
1870 IIIe République

LES ÉVÉNEMENTS

1799 Consulat
1802 Bonaparte Consul à vie
1814 Louis XVIII, roi de France
1815 Les Cent Jours, Waterloo
1815 Retour de Louis XVIII
1824 Charles X, roi de France
1830 Révolution de Juillet
1848 Révolution
1852 Coup d'État
1870 Guerre contre la Prusse. Défaite
1871 Commune de Paris
1896-1899 Affaire Dreyfus

LES AUTEURS

1768 — CHATEAUBRIAND — 1848
1783 — STENDHAL — 1842
1790 — LAMARTINE — 1869
1799 — BALZAC — 1850
1802 — HUGO — 1885
1810 — MUSSET — 1857
1821 — BAUDELAIRE — 1867
1821 — FLAUBERT — 1880
1840 — ZOLA — 1902
1844 — VERLAINE — 1896
1850 — MAUPASSANT — 1893
1854 — RIMBAUD — 1891

FRANÇOIS-RENÉ DE CHATEAUBRIAND

(1768-1848)

Vie de Chateaubriand

De Saint-Malo à Combourg

■ Chateaubriand naît à Saint-Malo dans une famille de vieille noblesse. Ses premières années le livrent à lui-même. Alors qu'il a neuf ans, toute la famille s'installe au château de Combourg, en Bretagne. Destiné à la marine, il fait des études peu suivies à Dol, à Rennes et à Dinan.

■ À seize ans, il revient à Combourg, il passe deux ans en rêveries, en courses sur la lande, en entretiens avec sa sœur Lucile. Une nature sensible, tantôt exaltée, tantôt mélancolique se révèle en lui.

Entrée dans le monde. L'Amérique

■ En 1786, à vingt-deux ans, il devient sous-lieutenant. On le présente au roi, à Versailles. Il s'enthousiasme pour Rousseau et perd la foi. Les débuts de la Révolution lui inspirent de la sympathie.

■ En 1791 il parcourt, cinq mois durant, l'Amérique. Il y découvre la nature vierge, les Indiens et il en rapporte des notes abondantes et l'ébauche d'une épopée en prose, les *Natchez*.

L'émigration. Londres

■ Chateaubriand avait anticipé son retour en France à l'annonce de l'arrestation de Louis XVI. Il se marie à Saint-Malo en 1792 puis rejoint l'armée des émigrés. Blessé grièvement, il se réfugie à Londres en 1793 où il y vit pauvrement.

■ En 1798, la mort de sa mère, puis de sa sœur Julie le ramènent à Dieu : il rédige alors un grand éloge de la religion, *le Génie du Christianisme*.

Triomphes parisiens

- En 1800, il est de retour à Paris. Son succès est grand dans les salons. Il se montre hostile à l'esprit des Lumières.
- Un récit américain, *Atala*, est accueilli avec enthousiasme. La publication du *Génie du christianisme*, en 1802, connaît un retentissement sans pareil.

Diplomate et voyageur

- Sa réputation d'écrivain lui vaut un emploi diplomatique à Rome. Mais il ne l'occupera que quelques mois : l'exécution du duc d'Enghien scandalise les légitimistes comme Chateaubriand, hostiles à Bonaparte et qui souhaitent le retour de la monarchie.
- Rentré en France, retiré à la Vallée-aux-Loups, vaste domaine proche de Paris, il prépare le récit de ses voyages et commence une autobiographie destinée à paraître après sa mort, les *Mémoires d'Outre-Tombe.*

Opposant, ambassadeur et ministre

- En tant que personnalité en vue, Chateaubriand lutte contre Napoléon. Elu à l'Académie française en 1811, il est empêché de prononcer un discours contre l'Empire.
- Louis XVIII étant sur le trône, il accède à la dignité de pair de France mais n'obtient pas le portefeuille ministériel qu'il espérait. Il se range alors dans l'opposition ultraroyaliste. Pour l'éloigner, le roi le nomme ambassadeur à Berlin (1821) puis à Londres (1822). Devenu enfin ministre des affaires étrangères, son succès suscitant la jalousie, il doit quitter ses fonctions en 1824.
- Il rejoint à nouveau l'opposition, soutenant désormais un monarchisme modéré. À nouveau pour l'éloigner, on le nomme ambassadeur à Rome, mais l'installation d'un ministère ultraroyaliste provoque sa démission (1829).

Une industrieuse retraite

- Chateaubriand reste à l'écart de la Monarchie de Juillet, abandonne son titre et sa pension de pair de France, puis se tourne définitivement vers la littérature. Il publie trois ouvrages en rapport avec son périple américain dont, en 1827, le *Voyage en Amérique.* Il entreprend aussi la publication de ses Œuvres complètes.

Vieillesse

■ Suivent, l'âge venu, des ouvrages d'histoire littéraire, diplomatique et la biographie d'un moine de l'ordre très austère de la Trappe ; il publie, à soixante-seize ans, la *Vie de Rancé* à la demande de son confesseur, pour faire pénitence : Chateaubriand n'avait guère été un époux fidèle.

■ Il ne cesse en outre de travailler aux *Mémoires d'Outre-Tombe*, dont il donne lecture, de temps en temps, dans le salon de Mme Récamier, sa grande amie.

■ Il meurt à quatre-vingts ans. Sa tombe se trouve sur un rocher, à Saint-Malo, face à la mer.

Œuvres de Chateaubriand

1797	*Essai sur les révolutions*, essai politique
1801	*Atala*, récit
1802	*René*, récit figurant dans *le Génie du christianisme*, apologie de la religion chrétienne
1809	*les Martyrs*, épopée religieuse en prose
1811	*Itinéraire de Paris à Jérusalem*, journal de voyage
1848-1850	*Mémoires d'Outre-Tombe*, autobiographie (rédaction : 1809-1841)

ATALA ET RENÉ

• *Atala* est un récit détaché des *Natchez*, épopée en prose, d'inspiration chrétienne, dont l'action se déroule en Amérique. Ce récit figurera, avec *René* dans le *Génie du christianisme*. Puis les deux textes seront publiés ensemble, dans un petit volume à part, en 1805.

• L'auteur se propose d'y illustrer « les harmonies de la religion chrétienne avec les scènes de la nature et les passions du cœur humain. » *Atala* raconte les amours tragiques de deux jeunes Indiens : Atala, vouée à la Vierge dès son enfance a juré à sa mère mourante de ne jamais se marier : ne pouvant résister à son amour pour Chactas, elle s'empoisonne.

• René raconte à Chactas, désormais vieux sachem, sa triste jeunesse : une mère morte en couche, l'influence d'une sœur mélancolique, des paysages sans gaieté. René s'est enfermé dans une sombre rêverie. Un séjour à la campagne provoque en lui un élan vers l'infini.

Vous remarquerez

• **Le « vague des passions »**

→ Sur cette sensibilité romantique, l'influence du paysage est décisive. La raison ne gouverne plus l'esprit, comme à l'époque des Lumières.

→ Le texte décrit une rêverie proche du délire sans prendre de distance par rapport à elle, malgré les temps du passé et le conditionnel.

• **Le flou du sentiment religieux**

→ La rêverie accepte une mystique vaguement religieuse (*secret instinct/voix du ciel*). Mais le sentiment n'est pas chrétien : espoir en la mort, en « une autre vie » non définie et, en même temps, rivalité avec Dieu créateur.

• **Une prose musicale**

→ En matière de rythme et d'euphonie, Chateaubriand est un maître insurpassable. Alternance complexe d'unités longues et brèves dans le premier paragraphe (malaise/incertitude), longue phrase parfaitement articulée du troisième (exaltation/confiance en soi).

Le jour, je m'égarais sur de grandes bruyères terminées par des forêts. Qu'il fallait peu de choses à ma rêverie ! Une feuille séchée que le vent chassait devant moi, une cabane dont la fumée s'élevait dans la cime dépouillée des arbres, la mousse qui tremblait au souffle du Nord sur le tronc d'un chêne, une roche écartée, un étang désert où le jonc flétri murmurait ! Le clocher solitaire s'élevant au loin dans la vallée a souvent attiré mes regards ; souvent j'ai suivi des yeux les oiseaux de passage qui volaient au-dessus de ma tête. Je me figurais les bords ignorés, les climats lointains où ils se rendent ; j'aurais voulu être sur leurs ailes. Un secret instinct me tourmentait : je sentais que je n'étais moi-même qu'un voyageur, mais une voix du ciel semblait me dire : « Homme, la saison de ta migration n'est pas encore venue ; attends que le vent de la mort se lève, alors tu déploieras ton vol vers ces régions inconnues que ton cœur demande. »

« Levez-vous vite, orages désirés qui devez emporter René dans les espaces d'une autre vie ! » Ainsi disant, je marchais à grands pas, le visage enflammé, le vent sifflant dans ma chevelure, ne sentant ni pluie, ni frimas, enchanté, tourmenté, et comme possédé par le démon de mon cœur.

La nuit, lorsque l'aquilon ébranlait ma chaumière, que les pluies tombaient en torrent sur mon toit, qu'à travers ma fenêtre je voyais la lune sillonner les nuages amoncelés, comme un pâle vaisseau qui laboure les vagues, il me semblait que la vie redoublait au fond de mon cœur, que j'aurais la puissance de créer des mondes.

HENRI BEYLE
dit STENDHAL

(1783-1842)

Vie de Stendhal

L'armée

■ Né à Grenoble, le jeune Henri Beyle perd sa mère de bonne heure et s'entend mal avec son entourage, catholique et monarchiste. Il subit l'attrait de la philosophie des Lumières.

■ Malgré des dispositions pour les mathématiques, il renonce à entrer à l'École polytechnique. Il entame, à dix-sept ans, une carrière militaire. En 1800, il est sous-lieutenant dans l'armée d'Italie.

■ Mais l'armée l'ennuie. Il démissionne en 1802. Installé à Paris, il voudrait réussir comme auteur de comédies, fréquente des actrices, commence un savoureux *Journal*.

■ Cependant le succès tarde et, en 1806, Stendhal rejoint l'armée impériale en qualité d'intendant (en Allemagne, en Autriche, puis en Russie). En 1814, la chute de Napoléon met fin à sa carrière militaire.

Milan

■ Amoureux de l'Italie, il s'installe à Milan et y vit de travaux d'éditions. En 1817, il signe « Stendhal » (nom d'une petite ville allemande) un essai d'un ton plus personnel, *Rome, Naples et Florence*.

■ Devenu suspect à la police autrichienne, puissance occupante, il quitte Milan en 1821, se séparant de celle qu'il aime platoniquement, Métilde Dembrowska.

Paris et l'Italie

■ Stendhal se réinstalle, pour neuf ans, à Paris. Il y mène une vie de salon qu'il considère comme une chasse au bonheur. Il théorise sur le sentiment amoureux dans un essai, *De l'amour*, publié en 1822.

■ En 1823-1825, il prend vigoureusement parti pour le drame romantique, contre le classicisme. Son premier chef-d'œuvre de romancier, *le Rouge et le Noir*, paru en 1830, suscite peu d'échos.

■ Gêné financièrement, il va occuper, pendant six années, de modestes emplois diplomatiques en Italie. Il commence un nouveau roman, *Lucien Leuwen*, qui restera inachevé.

■ Lors d'un long congé à Paris (1836-1839), il écrit son second chef-d'œuvre, *la Chartreuse de Parme* (1839) qui, malgré l'admiration de Balzac, ne rencontrera guère plus d'échos que *le Rouge et le Noir*.

■ Stendhal reprend son poste en Italie en 1839. Mais sa santé s'altère et il meurt à Paris, âgé de cinquante-neuf ans.

Le climat stendhalien

La chasse au bonheur

■ La « chasse au bonheur » anime les personnages de Stendhal. Ils se donnent la liberté de vivre selon les élans de leur cœur, avec un certain mépris pour les conventions sociales. Leur individualisme ne fait pas d'eux des égoïstes mesquins : ils pratiquent, au contraire, l'« égotisme », culte du moi enthousiaste et conquérant. Ils connaissent l'exaltation et une bravoure irraisonnée que Stendhal nomme, à l'italienne, *virtù*.

L'analyse et l'émotion

■ Cependant, le caractère romantique de cette exaltation connaît les limites de l'analyse lucide. Le romancier analyse à froid, en psychologue, le sentiment amoureux. Mais Stendhal, tout en prenant une distance ironique vis à vis de ses héros, sympathise avec leurs sentiments et leur art de vivre. D'où un mélange de perspicacité et d'émotion exaltée qui définit, en partie, le climat stendhalien.

La réalité et l'épicurisme

■ L'observation des faits réels et récents, le tableau sans complaisance des mœurs, est adouci par un épicurisme permanent : il s'agit de goûter le charme d'un paysage, d'une scène de bataille, d'un visage ou d'une silhouette ou bien de l'Italie, qui fut le grand amour de Stendhal.

■ La postérité mettra fin à l'insuccès de Stendhal. Il avait écrit : « Je mets un billet de loterie dont le gros lot se réduit à ceci : être lu en 1935. »

Œuvres de Stendhal

1801	(à partir de) *Journal*
1822	*De l'Amour*, essai de psychologie
1830	*le Rouge et le Noir*, roman
1834	(début de rédaction) *Lucien Leuwen*, roman (inachevé)
1839	*la Chartreuse de Parme*, roman
1890	*Vie de Henri Brulard*, autobiographie (publication posthume)
1893	*Souvenirs d'égotisme*, autobiographie (publication posthume)

LE ROUGE ET LE NOIR

I

• Ce roman, sous-titré *Chronique du XIXe siècle*, montre la lutte dissimulée mais acharnée du héros, Julien Sorel, contre l'ordre social.

• Sous la Restauration, le maire ultraroyaliste d'une petite ville décide d'engager Julien Sorel, fils de charpentier qui se destine à la prêtrise, comme précepteur de ses enfants.

• Le père Sorel va chercher son fils mais ils aperçoit que Julien est plongé dans un livre au lieu de surveiller le mécanisme de la scierie.

Vous remarquerez

• **Les trois points de vue**

→ Le narrateur adopte, le point de vue du père sur le fils, du fils sur sa propre situation, et enfin, le point de vue du narrateur qui décrit les lieux et les circonstances.

• **Le héros « stendhalien » et son contraire**

→ Le romancier multiplie les contrastes entre le père et le fils. Ce dernier qui n'est pas ouvertement révolté mais, symboliquement, « au-dessus » des contingences matérielles, est perché sur une poutre avec le livre qu'il adore (et perdu dans le mythe napoléonien).

Ce fut en vain qu'il appela Julien deux ou trois fois. L'attention que le jeune homme donnait à son livre, bien plus que le bruit de la scie, l'empêcha d'entendre la terrible voix de son père. Enfin, malgré son âge, celui-ci sauta lestement sur l'arbre soumis à l'action de la scie, et de là sur la poutre transversale qui soutenait le toit. Un coup violent fit voler dans le ruisseau le livre que tenait Julien ; un second coup aussi violent, donné sur la tête, en forme de calotte, lui fit perdre l'équilibre. Il allait tomber à douze ou quinze pieds plus bas, au milieu des leviers de la machine en action, qui l'eussent brisé, mais son père le retint de la main gauche comme il tombait :

– Eh bien ! paresseux, tu liras donc toujours tes maudits livres, pendant que tu es de garde à la scie ? Lis-les le soir quand tu vas perdre ton temps chez le curé, à la bonne heure.

Julien, quoique étourdi par la force du coup et tout sanglant, se rapprocha de son poste officiel, à côté de la scie. Il avait les larmes aux yeux, moins à cause de la douleur physique que pour la perte de son livre qu'il adorait.

– Descends, animal, que je te parle.

Le bruit de la machine empêcha encore Julien d'entendre cet ordre. Son père qui était descendu, ne voulant pas se donner la peine de remonter sur le mécanisme, alla chercher une longue perche pour abattre des noix, et l'en frappa sur l'épaule. A peine Julien fut-il à terre que le vieux Sorel, le chassant rudement devant lui, le poussa vers la maison. « Dieu sait ce qu'il va me faire ! » se disait le jeune homme. En passant, il regarda tristement le ruisseau où était tombé son livre ; c'était celui de tous qu'il affectionnait le plus, le *Mémorial de Sainte-Hélène*[1].

(1) Récit de la captivité de Napoléon Ier.

ALPHONSE DE LAMARTINE

(1790-1869)

Une jeunesse d'aristocrate

■ Alphonse de Lamartine naît à Mâcon. Son père, aristocrate sans fortune, exploite le domaine familial. Il reçoit une éducation catholique, lisant aussi les poètes latins et les premiers ouvrages de Chateaubriand.

■ Jeune homme, ne voulant pas servir Napoléon (l'« usurpateur »), il vit oisif dans le domaine familial. Lors de fréquents séjours à Paris, il prend des habitudes de joueur et contracte de lourdes dettes.

Un poète fêté

■ Cependant, Lamartine avait consacré une partie de son temps à la poésie. Il publie en 1820 un premier recueil, *Méditations poétiques* dont le succès lui assure d'emblée la célébrité. On lui accorde aussi un poste d'attaché d'ambassade à Naples. Il se marie avec une jeune anglaise qui apportait en dot le château de Saint-Point. Trois volumes de poésie paraissent alors, dont de *Nouvelles méditations* en 1823.

■ Lamartine passe ensuite trois années heureuses à Florence, comme secrétaire d'ambassade (1825-1828). En 1830, il est élu à l'Académie française et publie un nouveau recueil de vers, les *Harmonies poétiques et religieuses*.

Entrée en politique. Voyage en Orient

■ Avec la révolution de 1830, il revient à la politique. Devenu libéral, il soutient la Monarchie de Juillet.

■ En 1832, avec le projet d'affermir sa foi et de renouveler son inspiration, il embarque pour l'Orient. Sa femme et sa fille l'accompagnent. Mais celle-ci meurt à Beyrouth et le poète, effondré, se détache non de la foi elle-même, mais des dogmes et des rites trop formels. Il rêve d'une religion épurée.

■ En 1833, il est élu député et sera considéré comme l'un des plus grands orateurs politiques de son temps. Il évolue progressivement vers la gauche, ses positions étant marquées par un esprit évangélique. Cette orientation nouvelle apparaît dans les ouvrages qu'il publie à cette époque, notamment le *Voyage en Orient* (1835) et *Jocelyn* (1836).

Lamartine et le drapeau tricolore

■ Lors de la Révolution de 1848, Lamartine, devient chef d'un gouvernement provisoire. Il proclame la République et impose le drapeau tricolore face aux partisans du drapeau rouge. Il est alors immensément populaire. Mais, après un échec aux élections, Lamartine quitte la vie politique.

■ Au seuil de la vieillesse, sa prodigalité le laisse couvert de dettes. Il passera les vingt dernières années de sa vie à écrire pour subvenir à ses besoins financiers.

■ Il meurt à soixante-dix-neuf ans. Sa famille déclina les funérailles nationales.

Œuvres de Lamartine

1820	*Méditations poétiques*, recueil de poésies lyriques
1830	*Harmonies poétiques et religieuses*, recueil de poésies lyriques
1836	*Jocelyn*, épopée moderne, en alexandrins

MÉDITATIONS POÉTIQUES

le Lac

vers 1 à 20

• Ce poème fait discrètement allusion à l'amour de Lamartine pour une femme que la maladie puis la mort lui ont enlevé. Il revient seul au bord du lac où ils s'étaient liés.
• Mais le lecteur peut ignorer ces circonstances personnelles : le poème cherche à évoquer des sentiments universels.

Vous remarquerez

• **La strophe et le vers**

→ Des strophes identiques pour le mètre (12/12/12/6) et la rime (ABAB, CDCD, etc.).

→ Effet de régularité, accentué par l'absence de rejets (chaque vers forme une unité de sens et se termine par une pause).

• **Le rythme de la tristesse**

→ Rythme régulier, aussi, de chaque vers : pause à l'hémistiche.

→ Cette régularité, ici, dit une tristesse qui se prolonge.

→ Le dernier vers de chaque strophe, par la brièveté et par le sens, donne un accent rythmé, à cette tristessse.

• **La musicalité**

→ Au sein de cette régularité, discrète variation des pauses (v. 5 et 13).

→ Des jeux de sonorités de vers à vers (3e strophe : les imparfaits 5e strophe : *échos/flot/mots*).

• **Le lyrisme**

→ À la fois général (1re strophe : « nous ») et personnel (« je » et « tu »).

• **Le langage poétique**

→ Le poète s'adresse au lac, personnifié, témoin de la fuite du temps.

→ Nombreuses métaphores (v. 1 et 2, v. 5, etc.).

→ Mais Lamartine choisit parfois de décrire sans métaphore ni comparaison (strophe 4).

• **Thèmes traditionnels, climat romantique**

→ Thèmes traditionnels : la fuite du temps, la nostalgie amoureuse, le paysage et le sentiment.

Ainsi, toujours poussés vers de nouveaux rivages,
Dans la nuit éternelle emportés sans retour,
Ne pourrons-nous jamais sur l'océan des âges
Jeter l'ancre un seul jour ?

Ô lac ! L'année à peine a fini sa carrière *(= parcours)*
Et près des flots chéris qu'elle devait revoir,
Regarde ! Je viens seul m'asseoir sur cette pierre
Où tu la vis s'asseoir !

Tu mugissais ainsi sous ces roches profondes ;
Ainsi tu te brisais sur leurs flancs déchirés ;
Ainsi le vent jetait l'écume de tes ondes
Sur ses pieds adorés.

Un soir, t'en souvient-il ? nous voguions en silence ;
On n'entendait au loin, sur l'onde et sous les cieux,
Que le bruit des rameurs qui frappaient en cadence
Tes flots harmonieux.

Tout à coup des accents inconnus à la terre
Du rivage charmé[1] frappèrent les échos ;
Le flot fut attentif, et la voix qui m'est chère
Laissa tomber ces mots[2] :

MÉDITATIONS POÉTIQUES

le Lac

vers 21 à 36

• Les vers que l'on vient de lire (voir l'extrait précédent) préludent à un discours surnaturel prononcé par l'absente. En voici le début.

Vous remarquerez

• <u>Un lyrisme généralisant</u>
→ Les circonstances personnelles liées au poème ne jouent aucun rôle.
→ Ce discours possède une portée universelle.

(1) Soumis à un enchantement (sens classique)
(2) Voir l'extrait suivant p. 145

- **Une prière profane**

→ La voix implore le temps (et non pas Dieu).

→ L'appel à jouir du moment présent est un thème courant depuis l'Antiquité.

→ Le poète latin Horace, que Lamartine connaissait bien, s'exclamait : « Carpe diem ! (*Saisis/Cueille le jour !*) ».

→ C'est ici un aspect de la morale épicurienne, bien étrangère à l'inspiration chrétienne de Lamartine dans d'autres œuvres.

- **L'éloquence**

→ Le temps est successivement assimilé à un oiseau et à un fleuve.

→ Usage répété de l'impératif.

« Ô temps, suspends ton vol ! Et vous, heures propices *(= favorables)*
Suspendez votre cours !
Laissez-nous savourer les rapides délices
Des plus beaux de nos jours !

« Assez de malheureux ici-bas vous implorent :
Coulez, coulez pour eux ;
Prenez avec leurs jours les soins *(= soucis)* qui les dévorent ;
Oubliez les heureux.

« Mais je demande en vain quelques moments encore,
Le temps m'échappe et fuit ;
Je dis à cette nuit : « Soit plus lente » ; et l'aurore
Va dissiper la nuit.

« Aimons donc, aimons donc ! De l'heure fugitive,
Hâtons-nous, jouissons !
L'homme n'a point de port, le temps n'a point de rive ;
Il coule, et nous passons ! »

HONORÉ DE BALZAC

(1799-1850)

Vie de Balzac

Dans l'attente du succès

■ Balzac naît à Tours. Son père y administrait l'hospice. À dix-huit ans, il travaille dans l'étude d'un homme de loi. Ses tentatives dans les affaires (librairie, imprimerie) se soldent par des dettes énormes. Mais le succès littéraire vient enfin en 1828 avec un roman historique, *les Chouans*.

Le faste et le labeur

■ Dès lors, sa vie se confond, ou presque, avec sa production romanesque, dont le rythme est extraordinaire : Balzac (qui se fait appeler désormais « *de* Balzac ») doit couvrir les frais d'une vie fastueuse, rembourser ses dettes. Il tient aussi à mener à terme une vaste fresque romanesque qu'il conçoit comme une analyse organisée du fonctionnement de la société.

Vie privée

■ En 1833, il se lie, par lettres, à une admiratrice polonaise, Mme Hanska, qu'il rencontrera en Suisse, en Saxe et en Russie.

■ En 1850, Balzac, désormais riche et célèbre, épouse Eve Hanska, veuve depuis 1841. Mais, épuisé par des années de surmenage, il meurt à cinquante et un ans : il aura achevé quatre-vingt onze romans et nouvelles sur les cent trente-sept qu'il prévoyait.

Le roman selon Balzac

Le modèle scientifique

■ À l'époque où la science explique les différences entre les espèces animales par l'influence du milieu, Balzac entreprend d'étendre cette loi aux espèces sociales. Tâche plus complexe du fait qu'il lui faut ajouter au milieu proprement dit d'autres facteurs de différenciation : la profession, l'intelligence, l'ambition, le caractère, etc.

La comédie humaine

- Afin de donner à cette étude un caractère de cohérence, il décide, à partir de 1836, de faire réapparaître certains personnages d'un roman à l'autre. Puis il choisit un titre d'ensemble : *la Comédie humaine*.

- Il dessine également un plan où prennent place les romans achevés et les romans à écrire : ce plan compte trois grandes parties, les « Études analytiques », les « Études philosophiques » et les « Études de mœurs ».

Les lois de la société

- Dans la *Comédie humaine*, le lecteur pénètre tous les milieux, toutes les activités, à commencer par celles dont l'évolution est alors rapide : la presse, l'industrie, la haute finance. Le romancier fait apparaître les figures les plus typiques (l'usurier, l'artiste idéaliste), comme les plus atypiques comme ce Balthazar Claës qui poursuit mystérieusement la « recherche de l'absolu », synthèse de la matière et de la pensée.

- Dans les descriptions comme dans les portraits, Balzac s'attache méthodiquement à montrer quelles relations de cause à effet unissent les hommes et leur milieu : son souci constant est de mettre au jour les lois de la société contemporaine.

L'intrigue « balzacienne »

- Dans la plupart de ces romans, Balzac commence par décrire minutieusement un milieu. Ensuite, à la manière des dramaturges, il met en scène une crise subite, provoquée par les passions, des péripéties et un dénouement funeste, effet de toutes les causes portées par les personnages et leur environnement.

Un romancier conservateur

- Mais Balzac ne plaide pas pour un changement de la société. Il est partisan de l'ordre, de la monarchie, du catholicisme, dans lequel il voit « un système complet de répression des tendances dépravées de l'homme. »

Romans célèbres de Balzac

1828	*les Chouans*
1831	*la Peau de chagrin*
1832	*le Colonel Chabert*
1833	*Eugénie Grandet*
1835	*le Père Goriot*
1835	*le Lys dans la vallée*
1837-1843	*Illusions perdues*
1838-1847	*Splendeurs et misères des courtisanes*

EUGÉNIE GRANDET

• Ce court roman est le premier des chefs-d'œuvre de Balzac. Dans le plan de la *Comédie humaine*, il s'inscrit dans les « Scènes de la vie de Province ».
• Un des personnages principaux du roman est le père Grandet, vieil avare reclus et autoritaire.

Vous remarquerez

• **L'esthétique réaliste**
→ Balzac brosse un portrait *financier* de son personnage. Ceci constitue une innovation : avant Balzac, le roman décrivait des aventures capables de procurer au lecteur une évasion.
→ Balzac, au contraire, scrute la vie quotidienne d'individus qui ne sont nullement des « héros ».

• **Tableau d'une obsession**
→ Balzac rapprochait l'art du romancier de l'activité du savant. Il décrit ainsi un cas pathologique. Il n'analyse ni des pensées ni des sentiments mais uniquement un comportement.

• **La valeur romanesque de l'inventaire**
→ L'inventaire des recettes et des dépenses équivaut à la description d'un style de vie et d'une conception de l'existence. Elle satisfait aussi le goût du concret propre au lecteur de roman.

M. Grandet n'achetait jamais ni viande ni pain. Ses fermiers lui apportaient par semaine une provision suffisante de chapons, de poulets, d'œufs, de beurre et de blé de rente. Il possédait un moulin dont le locataire devait, en sus du bail, venir chercher une certaine quantité de grains et lui en rapporter le son et la farine. La grande Nanon, son unique servante, quoiqu'elle ne fût plus jeune, boulangeait elle-même tous les samedis le pain de la maison. M. Grandet s'était arrangé avec les maraîchers, ses locataires, pour qu'ils le fournissent de légumes. Quant aux fruits, il en récoltait une telle quantité qu'il en faisait vendre une grande partie au marché. Son bois de chauffage était coupé dans les haies ou pris dans les vieilles *truisses*[1] à moitié pourries qu'il enlevait au bord de ses champs, et ses fermiers le lui charroyaient en ville tout débité, le rangeaient par complaisance dans son bûcher et recevaient ses remerciements. Ses seules dépenses connues étaient le pain bénit, la toilette de sa femme, celle de sa fille et le paiement de leurs chaises à l'église ; la lumière, les gages de la grande Nanon, l'étamage de ses casseroles ; l'acquittement des impositions, les réparations de ses bâtiments et les frais de ses exploitations. Il avait six cents arpents de bois, récemment achetés, qu'il faisait surveiller par le garde d'un voisin, auquel il promettait une indemnité. Depuis cette acquisition seulement, il mangeait du gibier.

LE PÈRE GORIOT

- Ce célèbre roman, dont l'action se déroule en 1819, soit seize ans seulement avant sa publication, a pour cadre une pension de famille située dans une rue pauvre de Paris. S'y croisent les destins de personnages dont certains réapparaîtront dans d'autres récits. Avant de les présenter, Balzac dépeint minutieusement l'intérieur de la maison tenue par Mme Vauquer.
- Dans cet extrait, le romancier termine la description de salon et commence celle de la salle à manger.

(1) *Touffes d'arbres, en Vendée.*

Vous remarquerez

- **La misère sans poésie**

→ La description de la pauvreté, de la laideur, des objets répugnants était exceptionnelle, en littérature, avant le XIXe siècle. Elle possède, chez Balzac, une fonction d'explication. Les pensionnaires de Mme Vauquer sont marqués définitivement par ce cadre lamentable, ou bien rêvent d'y échapper par l'ascension sociale.

- **La poésie de la misère**

→ Balzac transforme ce décor sordide en objet esthétique.

→ Il relève le défi de décrire l'indescriptible : un mélange d'odeurs indéfinies, une couleur indistincte.

→ Il joue de la variété du vocabulaire, des niveaux de langue (de la langue littéraire à l'argot), des sonorités (« le service, l'office, l'hospice »), de la longue phrase articulée et de l'énumération proche de l'inventaire, où le disparate crée la surprise.

Cette première pièce exhale une odeur sans nom dans la langue, et qu'il faudrait appeler l'*odeur de pension*. Elle sent le renfermé, le moisi, le rance ; elle donne froid, elle est humide au nez, elle pénètre les vêtements ; elle a le goût d'une salle où l'on a dîné ; elle pue le service, l'office, l'hospice. Peut-être pourrait-elle se décrire si l'on inventait un procédé pour évaluer les quantités élémentaires et nauséabondes qu'y jettent les atmosphères catarrhales et *sui generis* (= propres à) de chaque pensionnaire, jeune ou vieux. Eh bien, malgré ces plates horreurs, si vous le compariez à la salle à manger, qui lui est contiguë, vous trouveriez ce salon élégant et parfumé comme doit l'être un boudoir. Cette salle, entièrement boisée, fut jadis peinte en une couleur indistincte aujourd'hui, qui forme un fond sur lequel la crasse a imprimé ses couches de manière à y dessiner des figures bizarres. Elle est plaquée de buffets gluants sur lesquels sont des carafes échancrées, ternies, des ronds de moiré métallique(1), des piles d'assiettes en porcelaine épaisse, à bords bleus, fabriquées à Tournai. Dans un angle est placée une boîte à cases numérotées qui sert à garder les serviettes, ou tachées ou vineuses, de chaque pensionnaire.

(1) Métal travaillé dont les reflets rappellent la moire.

VICTOR HUGO

(1802-1885)

Vie de Hugo

L'enfance d'un poète

■ Né à Besançon, Victor Hugo est le fils d'un commandant de l'armée de Napoléon, qui deviendra général et comte d'Empire. Jeune enfant, il vit à Paris et à Naples.

■ Excellent élève du lycée Louis-le-Grand entre treize et seize ans, il compose ses premiers poèmes. Son ambition est grande : « Je veux être Chateaubriand ou rien », écrit-il à quatorze ans.

Entre classicisme et romantisme

■ En 1819, avec ses deux frères aînés, il fonde une revue, *le Conservateur littéraire*. Des vers de tendance catholique et monarchiste attirent l'attention sur lui. En 1822, il se marie. En six ans (1824-1830), le couple aura quatre enfants.

■ Les publications de Hugo sont déjà nombreuses. Il fréquente le salon littéraire de Charles Nodier, rencontre les jeunes poètes romantiques Vigny et Lamartine. Lui-même hésite encore entre classicisme et romantisme.

La bataille d'*Hernani*

■ Mais il prend bientôt fait et cause pour le romantisme qu'il veut faire triompher au théâtre. Il commence par un manifeste anticlassique en 1827. Puis, en février 1830, le drame d'*Hernani* triomphe à la Comédie française, grâce aux jeunes romantiques qui couvrent les protestations du parti néoclassique.

■ Il tient désormais salon en tant que chef de la jeune génération romantique. Dans son « cénacle » se rencontrent Vigny, Dumas, Mérimée, Balzac, Sainte-Beuve, Nerval et Gautier.

De *Notre-Dame de Paris* au drame de Villequier

■ Sainte-Beuve et Mme Hugo deviennent amants et, en 1833, Victor Hugo s'éprend passionnément de Juliette Drouet, à qui il restera toujours fidèle. Son activité littéraire demeure intense.

■ En 1843, sa fille Léopoldine se noie dans la Seine, à Villequier, avec son jeune époux. Hugo ne publiera que seize ans plus tard, dans le grand recueil intitulé *les Contemplations*, les vers consacrés à ce deuil atroce.

Hugo entre en politique

■ Il se tourne alors, en partie, vers l'action politique. Il est nommé pair de France en 1845. Dans la haute assemblée dont les membres sont nommés par le roi, il plaide contre la peine de mort et l'injustice sociale.

■ À l'issue de la Révolution de 1848, Hugo est élu député de Paris. Il est d'abord partisan du prince Louis-Napoléon. Mais, il se rapproche de la gauche. Il attaque le chef de l'État dans un journal qu'il a fondé et tente de soulever le peuple de Paris lors du coup d'État du 2 décembre 1851 où le prince-président devient l'empereur Napoléon III.

Dix-huit ans d'exil

■ Menacé d'être arrêté, il passe en Belgique puis s'installe, pour trois ans (1852-1855) sur l'île de Jersey. Il y continue ses attaques contre Napoléon III, sous forme d'un recueil de satires (*les Chatiments*, 1853).

■ En raison de l'agitation des exilés français, les autorités de Jersey, l'invitent à quitter l'île. Il s'installe alors, pour cinq ans (1855-1870) à Guernesey. Il y compose un grand recueil de vers sur des sujets historiques et légendaires, *la Légende des siècles*, et trois romans dont *les Misérables*, promis à un succès mondial.

Une gloire nationale

■ Survient la guerre de 1870 et la chute du Second Empire. Hugo est à Paris dès le lendemain de la proclamation de la IIIᵉ République. Mais ce retour est triste : Mme Hugo est morte en 1868, le poète perd son fils en 1871.

■ La République le nomme sénateur à vie en 1876. Il est devenu l'idole de la gauche républicaine et un écrivain extrêmement populaire. Son inspiration, au demeurant, ne tarit pas : il publie des vers sur le passé récent (*l'Année terrible*, 1872), sur la vie de famille (*l'Art d'être grand-*

père, 1877), un grand roman historique sur la Révolution française (*Quatre-vingt-treize,* 1874).

■ Des funérailles nationales lui sont faites, de l'Arc de Triomphe au Panthéon, en présence d'une foule immense. Outre ses livres publiés, il laisse une œuvre posthume très importante, en vers comme en prose.

Œuvres principales de Victor Hugo

1822	*Odes,* recueil de poèmes
1827	Préface de *Cromwell,* manifeste du drame romantique suivi de *Cromwell,* drame en vers non représenté du vivant de l'auteur
1830	*Hernani,* drame en vers
1831	*Notre-Dame de Paris,* roman historique
1838	*Ruy Blas,* drame en vers
1853	*les Châtiments,* recueil de poèmes
1856	*les Contemplations,* recueil de poèmes
1862	*les Misérables,* roman
1874	*Quatre-vingt-treize,* roman historique
1883	*la Légende des Siècles,* recueil de poèmes

LES CONTEMPLATIONS

IV, 14

• « Qu'est-ce que les *Contemplations* ? écrit Victor Hugo, c'est ce qu'on pourrait appeler (…) les mémoires d'une âme. » Mais une coupure existe dans ce vaste recueil qui rend compte des expériences affectives du poète de sa trentième année, environ, jusqu'à la cinquantaine passée. La noyade de sa fille Léopoldine a provoqué cette coupure : « c'est une âme qui se raconte, écrit-il encore. (…) Autrefois, Aujourd'hui. Un abîme les sépare, le tombeau. »

• Dans un long poème, « *À Villequier* », Hugo médite sur ce malheur révoltant et dit sa soumission douloureuse à la volonté de Dieu. Une courte pièce, sans titre, le précède, où il suggère la profondeur de son deuil.

Vous remarquerez

- **L'autobiographie et l'anonymat**

→ Le poème peut se lire comme un témoignage personnel : Hugo se rend sur la tombe de sa fille.

→ Mais, pour un lecteur ignorant de ces circonstances, ces vers ne perdent rien de leur capacité d'émouvoir.

- **Le paysage paradoxal**

→ Le poète dit ne pas voir ce qu'il décrit (v. 5 et 6), même s'il rend compte habilement de la « chose vue » : la surface du fleuve, caché par le relief, ne laisse voir que les voiles du navire (v. 10).

- **Une brutalité cachée**

→ Le lecteur non prévenu ne découvre qu'à l'avant-dernier vers que le « je » s'adresse à un « tu » disparu. L'autoportrait du poète en deuil est donc à la fois explicite (« triste » – v. 8–) et implicite jusqu'au mot « tombe » (v. 11), qui provoque un choc pareil à celui de l'annonce d'un deuil.

Demain, dès l'aube, à l'heure où blanchit la campagne,
Je partirai. Vois-tu, je sais que tu m'attends.
J'irai par la forêt, j'irai par la montagne.
Je ne puis demeurer loin de toi plus longtemps.

Je marcherai les yeux fixés sur mes pensées,
Sans rien voir au dehors, sans entendre aucun bruit,
Seul, inconnu, le dos courbé, les mains croisées,
Triste, et le jour pour moi sera comme la nuit.

Je ne regarderai ni l'or du soir qui tombe,
Ni les voiles au loin descendant vers Harfleur,
Et quand j'arriverai, je mettrai sur ta tombe
Un bouquet de houx vert et de bruyère en fleur.

LES MISÉRABLES

Première Partie

VII, 3

• Jean Valjean, condamné au bagne pour avoir volé du pain, s'est évadé et, installé dans le Pas-de-Calais sous le nom de M. Madeleine, s'y est enrichi honnêtement, devenant maire de Montreuil-sur-Mer. Mais on arrête un individu qu'on prend pour lui et qui va comparaître, à sa place aux Assises. Un terrible débat de conscience va amener Jean Valjean à se livrer.

Vous remarquerez

• **Un monologue intérieur**

→ Le chapitre d'où cette page est extraite s'intitule : *Une Tempête sous un crâne.* Il s'agit bien d'un monologue intérieur et d'une très forte émotion.

→ Mais le discours est organisé et l'éloquence maîtrisée.

• **Un plaidoyer contre le bagne**

→ Hugo, par ailleurs ennemi déclaré de la peine de mort, dénonce ici des conditions de détention qu'il juge inhumaines.

→ Abondance de détails concrets et cruels, évoqués par un homme qui en a souffert et qui a prouvé sa valeur.

• **Une méditation sur le destin**

→ Depuis la mort de sa fille, le mystère du mal et de son injustice, au moins apparente, obsède Hugo. Ce mystère torture ici Jean Valjean.

Il y eut un moment où il considéra l'avenir. Se dénoncer, grand Dieu ! Se livrer ! Il envisagea avec un immense désespoir tout ce qu'il faudrait quitter, tout ce qu'il faudrait reprendre. Il faudrait donc dire adieu à cette existence si bonne, si pure, si radieuse, à ce respect de tous, à l'honneur, à la liberté ! Il n'irait plus se promener dans les champs, il n'entendrait plus chanter les oiseaux au mois de mai, il ne ferait plus l'aumône aux petits enfants ! Il ne sentirait plus la douceur des regards de reconnaissance et d'amour fixés sur lui ! Il quitterait cette maison qu'il avait bâtie, cette chambre, cette petite chambre ! Tout lui paraissait charmant à cette heure. Il ne lirait plus dans ces livres, il n'écrirait plus sur cette petite table de bois blanc ! Sa vieille portière, la seule servante qu'il eût, ne lui monterait plus son café le matin. Grand Dieu ! Au lieu de tout cela, la chiourme *(= le bagne)*, le carcan *(= collier de fer fixé au cou)*, la veste rouge, la chaine au pied, la fatigue, le cachot, le lit de camp, toutes ces horreurs connues ! À son âge, après avoir été ce qu'il était ! Si encore il était jeune ! Mais, vieux, être tutoyé par le premier venu, être fouillé par le garde-chiourme, recevoir le coup de bâton de l'argousin *(= surveillant)* ! Avoir les pieds nus dans des souliers ferrés ! Tendre matin et soir sa jambe au marteau du rondier qui visite la manille[1] ! Subir la curiosité des étrangers auxquels on dirait : *celui-là, c'est le fameux Jean Valjean, qui a été maire à Montreuil-sur-Mer !* Le soir, ruisselant de sueur, accablé de lassitude, le bonnet vert[2] sur les yeux, remonter deux à deux, sous le fouet du sergent, l'escalier-échelle du bagne flottant[3] ! Oh ! Quelle misère ! La destinée peut-elle donc être méchante comme un être intelligent et devenir monstrueuse comme le cœur humain !

RUY BLAS

V, 3

• Dans ce drame, le « méchant » est Don Salluste qui médite de se venger de la reine d'Espagne, responsable de sa disgrâce. Découvrant que son valet Ruy Blas est secrètement amoureux de celle-ci, il le présente à la cour sous le nom de Don César, grand d'Espagne et lui ordonne « de plaire à cette femme et d'être son amant. »

(1) Faisant sa ronde, le gardien inspecte l'anneau auquel on attache la chaîne des forçats.

(2) Signe de condamnation à perpétuité.

(3) Les forçats étaient détenus sur des pontons, à Toulon.

• Parvenu aux plus hauts emplois, le pseudo Don César fait l'admiration de la reine par son génie politique. Elle lui déclare son amour. Mais Don Salluste les attire dans un guet-apens. Surprise en compagnie de Ruy Blas, elle risque le déshonneur. Ruy Blas, ayant fermé le verrou de la pièce où ils se tiennent, arrache son épée à Don Salluste.

Vous remarquerez

• **L'abandon des règles du théâtre classique**

→ Le drame romantique enrichit le décor, admet les accessoires utiles et l'action sur le théâtre (le verrou, l'épée), la variété du ton (de la langue parlée, v. 2, à la métaphore organisée : « Satan – serpent – enfer – âme – monstre »).

→ Un héros issu du peuple.

• **Une versification virtuose**

→ Quels que soient les niveaux de langue, l'alexandrin maintient une certaine noblesse de ton.

→ Mais les nombreux enjambements, les ruptures de rythmes évitent toute régularité monotone.

• **Le sens du drame**

→ Le coup de théâtre concret, scénique et non pas verbal comme dans la tragédie classique.

→ Le monologue qui s'adresse non au confident mais à l'ennemi, en présence de sa proie !

→ Intense curiosité du spectateur à l'approche du dénouement : Ruy Blas tue Don Salluste, s'empoisonne et meurt dans les bras de la reine.

RUY BLAS, *terrible, l'épée de Don Salluste à la main* :

Je crois que vous venez d'insulter votre reine !

Don Salluste se précipite vers la porte. Ruy Blas la lui barre.

– Oh ! N'allez point par là, ce n'en est pas la peine,
J'ai poussé le verrou depuis longtemps déjà.

Marquis, jusqu'à ce jour Satan te protégea,
Mais, s'il veut t'arracher de mes mains, qu'il se montre.
– À mon tour ! – On écrase un serpent qu'on rencontre.
– Personne n'entrera, ni tes gens, ni l'enfer !
Je te tiens écumant sous mon talon de fer !
– Cet homme vous parlait insolemment, madame ?
Je vais vous expliquer. Cet homme n'a point d'âme,
C'est un monstre. En riant hier il m'étouffait.
Il m'a broyé le cœur à plaisir. Il m'a fait
Fermer une fenêtre[1], et j'étais au martyre !
Je priais ! je pleurais ! je ne peux pas vous dire.

Au marquis :

Vous contiez vos griefs dans ces derniers moments.
Je ne répondrai pas à vos raisonnements,
Et d'ailleurs – je n'ai pas compris. – Ah ! Misérable !
Vous osez, votre reine, une femme adorable !
Vous osez l'outrager quand je suis là ! – Tenez,
Pour un homme d'esprit, vraiment, vous m'étonnez !
Et vous vous figurez que je vous verrai faire
Sans rien dire !

(1) Pour lui rappeler qu'il n'est qu'un laquais.

ALFRED DE MUSSET

(1810-1857)

Vie d'Alfred de Musset

Une éblouissante précocité

- Né à Paris, Musset fait de brillantes études secondaires au Lycée Henri IV et, en dilettante, quelques études supérieures (droit, médecine, musique, dessin). Mais seule la littérature l'intéresse.
- À dix-huit ans, il fréquente Nodier, Vigny, Hugo. Tous admirent son jeune et prodigieux talent. À dix-neuf ans, il publie un premier recueil de vers, *Contes d'Espagne et d'Italie*, éblouissants de pittoresque et de virtuosité formelle.

Musset dramaturge

- Il aborde également l'art dramatique mais, après un insuccès en 1830, il écrit pour la lecture et non pour la scène. Le héros de *Lorenzaccio* est profondément romantique dans sa complexité.
- Musset écrit aussi des comédies, d'une fantaisie légère, mêlée d'ironie amère.

George Sand

- Il connaît ensuite deux ans (1833-1835) de liaison orageuse avec George Sand, liaison rendue douloureuse par la versatilité de sa maîtresse, comme par sa propre jalousie et son alcoolisme.

Tarissement

- Sa production contient des comédies, des œuvres critiques et des poésies qui expriment son découragement (les *Nuits*, 1835-1837).
- À trente ans, Musset est épuisé par la débauche et l'alcool. Il écrit de moins en moins. Et, s'il entre à l'Académie française en 1852, il meurt à quarante-sept ans, à peu près oublié.

Œuvres principales d'Alfred de Musset

1830 *Contes d'Espagne et d'Italie*, recueil de vers

1834 *On ne badine pas avec l'amour*, comédie dramatique

1834 *Lorenzaccio*, drame en prose

1836 *la Confession d'un enfant du siècle*, courte autobiographie en prose

ON NE BADINE PAS AVEC L'AMOUR

III, 6

- Le jeune Perdican vient d'achever ses études, la jeune Camille sort du couvent. Ils sont cousins et le père de Perdican veut les marier.
- Mais le couvent a enseigné à Camille la peur des hommes : elle refuse d'embrasser Perdican, ce qui le rend amoureux. Par dépit, il fait la cour à la paysanne Rosette, sœur de lait de Camille.
- Le jeune homme s'arrange pour que Camille le voit en compagnie de Rosette alors qu'il jette dans la fontaine un anneau, donné jadis par sa cousine. Mais Camille, à son tour, s'arrange pour que Rosette, cachée derrière une tapisserie, assiste à la scène dont nous citons le début.

Vous remarquerez

- **Un côté Marivaux**

→ Des amoureux qui s'ignorent et se cherchent. Une psychologie nuancée à l'extrême, plus elliptique que chez Marivaux.

- **Un côté Racine**

→ La cruauté amoureuse, volontaire et involontaire. La tragédie : dans la suite de cette scène, Rosette perd connaissance. À la fin de la pièce, Rosette surprend Camille et Perdican s'avouant leur amour. Elle en meurt et les sépare à jamais.

CAMILLE – Bonjour, cousin, asseyez-vous.

PERDICAN – Quelle toilette, Camille ! À qui en voulez-vous ?

CAMILLE – À vous, peut-être ; je suis fâchée de n'avoir pu me rendre au rendez-vous que vous m'avez demandé ; vous aviez quelque chose à me dire ?

PERDICAN, *à part* – Voilà, sur ma vie, un petit mensonge assez gros pour un agneau sans tache ; je l'ai vue derrière un arbre écouter la conversation. (*Haut.*) Je n'ai rien à vous dire, qu'un adieu, Camille ; je croyais que vous partiez ; cependant votre cheval est à l'écurie, et vous n'avez pas l'air d'être en robe de voyage.

CAMILLE – J'aime la discussion ; je ne suis pas bien sûre de ne pas avoir eu envie de me quereller encore avec vous.

PERDICAN – À quoi sert de se quereller, quand le raccommodement est impossible ? Le plaisir des disputes, c'est de faire la paix.

CAMILLE – Êtes-vous convaincu que je ne veuille pas la faire ?

PERDICAN – Ne raillez pas ; je ne suis pas de force à vous répondre.

CAMILLE – Je voudrais qu'on me fît la cour ! Je ne sais si c'est que j'ai une robe neuve, mais j'ai envie de m'amuser. Vous m'avez proposé d'aller au village, allons-y, je veux bien ; mettons-nous en bateau ; j'ai envie d'aller dîner sur l'herbe, ou de faire une promenade dans la forêt. Fera-t-il clair de lune, ce soir ? Cela est singulier, vous n'avez plus au doigt la bague que je vous ai donnée ?

CHARLES BAUDELAIRE

(1821-1867)

Vie de Baudelaire

Le beau-père détesté

■ Orphelin de père à six ans, Baudelaire déteste son beau-père, le commandant Aupick, futur général, ambassadeur et sénateur sous le Second Empire.

■ De dix-huit à vingt et un ans, il mène au Quartier latin, à Paris, une vie dissipée. Pour y mettre un terme, ses parents l'embarquent sur un navire en partance pour les Indes. Il n'ira pas plus loin que La Réunion.

Du luxe à la pauvreté

■ À son retour, après dix mois d'absence, il exige sa part de l'héritage paternel et vit dans un luxe bohème. Il se lie avec une comédienne antillaise, Jeanne Duval. Il ne la quittera jamais durablement, malgré des heurts fréquents et d'autres amours, notamment, une adoration quasi mystique pour Apollonie Sabatier.

■ Ses parents terrifiés par ses dépenses, lui font allouer par la loi une rente misérable : il vivra pauvre désormais.

Le critique et le poète

■ Cependant, il se consacre, à partir de 1845, à la critique d'art et à la critique littéraire. Il traduit de l'anglais un écrivain américain qu'il admire plus que tout autre : Edgar Poe. Enfin, il mûrit lentement un grand recueil de vers, *les Fleurs du Mal*, qui paraît en 1857.

■ Baudelaire est aussitôt condamné en correctionnelle pour immoralité. Il élimine de la seconde édition, qui paraît en 1861 les pièces incriminées et ajoute trente-cinq poèmes nouveaux.

La fin

- Accablé de dettes, abusant de l'opium et du haschich, il part en 1864 pour une tournée de conférences en Belgique, mais une attaque le laisse aphasique et à demi paralysé. Il meurt peu après à Paris, âgé de quarante-six ans.

Œuvres principales de Baudelaire

1847-1855 *Contes d'Edgar Poe,* traduction
1857 *les Fleurs du Mal,* recueil de poèmes
1862 *les Fleurs du Mal,* recueil de poèmes, seconde édition
1869 *les Petits poèmes en prose,* recueil de poème (publication posthume)

LES FLEURS DU MAL

l'Invitation au voyage

- La première partie du livre s'intitule *Spleen et idéal.* Tel que l'emploie Baudelaire, le mot anglais « spleen » désigne un sentiment d'ennui qui envahit l'âme jusqu'au dégoût. Il cherche à s'en guérir par la poésie, puis par l'amour. *L'Invitation au voyage,* avec d'autres poèmes, évoque cette dernière tentative.

Vous remarquerez

- **Une poésie allusive**

→ Une rêverie floue : ni méditation organisée, ni organisation narrative. Ce flou annonce la poésie moderne.

→ Choix audacieux des modes verbaux : infinitif dans la 1re strophe, conditionnel dans la 2e, indicatif et infinitif dans la 3e. Refrain à l'indicatif.

- **La maîtrise technique**

→ Le poème prend la forme de trois couplets (trois strophes composées de vers de mètres identiques) et d'un refrain de deux vers répété trois fois.

→ Baudelaire a choisi des mètres impairs : 5 et 7 syllabes, d'où un sentiment d'équilibre instable (chaque vers sert de tremplin au suivant).

→ Le système des rimes (AABCCB, etc.) compense cette instabilité. Les refrains en rimes plates contribuent à cette action équilibrante.

• **La musicalité**

→ La musicalité tient au souci permanent de la répartition des voyelles et des consonnes.

→ Dans le refrain, la règle du « e » muet impose d'allonger le mot « luxe » : *Lux**e** calm(e) et volupté.*

• **Les « correspondances »**

→ Dans un sonnet intitulé *Correspondances*, Baudelaire écrit : *Les parfums, les couleurs et les sons se répondent.* Chaque strophe en fournit ici plusieurs exemples.

• **L'ambiguïté amoureuse**

→ Confusion *enfant/sœur/femme.*

→ La menace de trahison (v. 9 à 12).

Mon enfant, ma sœur,
Songe à la douceur
D'aller là-bas vivre ensemble
Aimer à loisir,
Aimer et mourir
Au pays qui te ressemble !
Les soleils mouillés
De ces ciels brouillés
Pour mon esprit ont les charmes
Si mystérieux
De tes traîtres yeux,
Brillant à travers leurs larmes.

Là, tout n'est qu'ordre et beauté,
Luxe, calme et volupté.

Des meubles luisants,
Polis par les ans,
Décoreraient notre chambre ;
Les plus rares fleurs
Mêlant leurs odeurs
Aux vagues senteurs de l'ambre,
Les riches plafonds,
Les miroirs profonds,
La splendeur orientale,
Tout y parlerait
À l'âme en secret
Sa douce langue natale.

Là, tout n'est qu'ordre et beauté,
Luxe, calme et volupté.

Vois sur ces canaux
Dormir ces vaisseaux
Dont l'humeur est vagabonde ;
C'est pour assouvir
Ton moindre désir
Qu'ils viennent du bout du monde.
Les soleils couchants
Revêtent les champs,
Les canaux, la ville entière,
D'hyacinthe et d'or ;
Le monde s'endort
Dans une chaude lumière.

Là, tout n'est qu'ordre et beauté,
Luxe, calme et volupté.

GUSTAVE FLAUBERT

(1821-1880)

Vie de Flaubert

La jeunesse de Flaubert

■ Gustave Flaubert naît à Rouen, où son père est médecin-chef de l'Hôtel-Dieu. Pendant sa scolarité au lycée de la ville, il est très marqué par la littérature romantique.

■ De vingt et un à vingt-trois ans, il étudie le droit à Paris. Il fait la connaissance de Victor Hugo, sa grande admiration.

L'ermite de Croisset

■ À partir de 1843, il est à la merci de crises nerveuses et se retire dans sa propriété de Croisset, près de Rouen. Il s'y consacre à ses devoirs familiaux et à son œuvre de romancier.

■ Il effectue deux voyages méditerranéens : en Égypte, en Palestine et en Grèce en 1849-1850, en Tunisie en 1858.

■ Il entretient une abondante correspondance avec la romancière George Sand et avec une autre femme de lettres, Louise Colet, sa maîtresse, qui n'habite pas avec lui.

L'écrivain

■ Son premier roman publié, *Madame Bovary*, lui vaut un procès pour immoralité : il est acquitté et devient célèbre (1857). D'une ancienne passion pour une femme plus âgée que lui, il tire un long roman, *l'Éducation sentimentale*, dont l'insuccès le rend amer (1869). Insuccès, également, de *la Tentation de Saint-Antoine* (1874).

■ Dans ses dernières années, il se ruine pour sauver sa nièce de la faillite. Son amertume s'épanche dans le roman satirique de *Bouvard et Pécuchet*, sorte d'épopée de la bêtise, richement documentée, qu'il laisse inachevée. En 1877, le recueil des *Trois contes*, est unanimement salué comme un chef-d'œuvre. De jeunes écrivains « naturalistes », groupés autour d'Émile Zola le fêtent. Il assiste aussi au succès de Guy de Maupassant, son filleul qu'il avait formé à la littérature.

- Flaubert meurt subitement, à l'âge de cinquante-neuf ans.

Œuvres de Flaubert

1845 *l'Éducation sentimentale*, roman (première version)
1857 *Madame Bovary*, roman
1862 *Salammbô*, roman
1869 *l'Éducation sentimentale*, roman (seconde version)
1874 *la Tentation de Saint-Antoine*, récit dialogué
1877 *Trois contes*, récits
1881 (publication posthume) *Bouvard et Pécuchet*, roman inachevé

MADAME BOVARY

II, 2

• Emma Bovary poursuit des rêves romanesques que la médiocrité quotidienne détruit. Son mari, un médecin subalterne, sans personnalité, décide de s'installer à Yonville-l'Abbaye pour arracher sa femme à l'ennui. À leur arrivée, le couple déjeune à l'auberge, en compagnie du pharmacien Homais et du clerc de notaire Léon Dupuis.

Vous remarquerez

• **Une conversation non romanesque**

→ Ce sont ici les personnages qui parlent, et pas le narrateur.

→ Flaubert, qui cherche le vrai (le « réalisme »), le trouve souvent dans le médiocre, le prosaïque, voire dans la bêtise. D'où des propos de table décousus et creux et une tirade prétentieuse du pharmacien, fondée sur un lieu commun : les progrès de la science se heurtent aux préjugés !

• <u>L'abstention de l'écrivain</u>

→ Flaubert, si soucieux, dans tous ses livres, de l'élégance de son style et, en particulier, de la sonorité, du rythme de ses phrases, est capable, comme dans ce passage, de se couler entièrement dans la parole de ses personnages.

Homais demanda la permission de garder son bonnet grec, de peur des coryzas *(= rhume)*.

Puis, se tournant vers sa voisine :

– Madame, sans doute, est un peu lasse ? On est si épouvantablement cahoté dans notre *Hirondelle*[1] !

– Il est vrai, répondit Emma ; mais le dérangement m'amuse toujours : j'aime à changer de place.

– C'est une chose si maussade, soupira le clerc, que de vivre cloué aux mêmes endroits !

– Si vous étiez comme moi, dit Charles, sans cesse obligé d'être à cheval…

– Mais, reprit Léon s'adressant à Mme Bovary, rien n'est plus agréable, il me semble ; quand on le peut, ajouta-t-il.

– Du reste, disait l'apothicaire, l'exercice de la médecine n'est pas fort pénible en nos contrées ; car l'état de nos routes permet l'usage du cabriolet, et, généralement, l'on paye assez bien, les cultivateurs étant aisés. Nous avons, sous le rapport médical, à part les cas ordinaires d'entérite, bronchite, affections bilieuses, etc., de temps à autre quelques fièvres intermittentes à la moisson, mais, en somme, peu de choses graves, rien de spécial à noter, si ce n'est beaucoup d'humeurs froides, et qui tiennent sans doute aux déplorables conditions hygiéniques de nos logements de paysans. Ah ! vous trouverez bien des préjugés à combattre, monsieur Bovary ; bien des entêtements de routine, où se heurteront quotidiennement tous les efforts de votre science ; car on a recours encore aux neuvaines[2], aux reliques, au curé, plutôt que de venir naturellement chez le médecin ou chez le pharmacien.

(1) La diligence qui dessert Yonville.

(2) Prières que l'on dit neuf jours de suite.

ÉMILE ZOLA

(1840-1902)

Vie d'Émile Zola

De la manutention à la critique d'art

■ Fils d'un Italien naturalisé, Zola échoue au baccalauréat et devient manutentionnaire chez l'éditeur Hachette. On y remarque son intelligence et on lui confie la publicité de la maison.

■ Puis il se lance dans le journalisme et défend vigoureusement la peinture réaliste de Manet, qui fait alors scandale (*Mes Haines*, 1866).

Le chef de l'école naturaliste[1]

■ Dès ses premiers romans, il pousse le réalisme jusqu'au « naturalisme », dont il expose la doctrine en 1880 (*le Roman expérimental*). Il avait commencé, en 1871, à construire un vaste ensemble romanesque, les *Rougon-Macquart*, « histoire naturelle et sociale d'une famille sous le Second Empire ».

■ Pendant vingt ans, il publiera en moyenne un roman par an, avec un succès grandissant. Un groupe de romanciers plus jeunes que lui, parmi lesquels Maupassant et Huysmans, se réunissent dans sa villa de Médan, non loin de Paris. Ils forment une sorte d'école naturaliste et publient, en 1880, un recueil collectif de nouvelles, *les Soirées de Médan*.

Zola en lutte

■ Ses enquêtes sur le monde du travail l'ont conduit au socialisme et à un idéal humanitaire. En 1898, il publie *J'accuse*, vibrant article en faveur de Dreyfus, officier juif injustement condamné pour trahison. Les accusations portées par Zola sur de hautes personnalités lui valent une condamnation à un an de prison et la radiation de la Légion d'honneur.

■ Il s'exile un an en Angleterre. À son retour, il écrit des essais sur les valeurs auxquelles il croit : fécondité, travail, vérité, justice. Il meurt asphyxié par une cheminée obstruée.

1. Voir p. 129.

Zola, romancier naturaliste

La passion d'expliquer

- Zola est un admirateur de Claude Bernard, ardent défenseur de la méthode expérimentale en médecine. La pensée de Taine, un autre de ses contemporains, le marque également. Taine croit au déterminisme et tente de rendre compte de la personnalité des écrivains par des facteurs précis : l'hérédité, le milieu, le moment, une faculté maîtresse propre à chacun.

Le rêve d'une approche scientifique

- Ainsi, pour Zola, une approche quasi scientifique de l'homme est possible : il s'agit de suivre « le travail secret qui donne aux enfants d'un même père des passions et des caractères différents à la suite des croisements et des façons particulières de vivre. » Dès lors, compte tenu de l'hérédité de chacun, il devient possible d'étudier précisément l'influence du milieu sur l'être humain.

Du document au monument littéraire

- Zola entreprend une immense enquête de la société contemporaine : les milieux provinciaux, parisiens, financiers, ecclésiastiques, politiques, ouvriers, bourgeois, le monde de la prostitution, des grands magasins naissants, de la mine, de l'art, des chemins de fer, de la médecine.
- Chaque roman, minutieusement documenté, concilie la tension romanesque, l'art du reportage et un sens artistique qui fait de Zola un poète épique et, plus souvent encore, un virtuose de l'évocation visuelle. Parti d'une ambition scientifique, le naturalisme de Zola aboutit à un monument littéraire.

Romans d'Émile Zola

1867	*Thérèse Raquin*
1871	*la Fortune des Rougon*
1873	*le Ventre de Paris*
1877	*l'Assommoir*
1883	*Au Bonheur des dames*
1885	*Germinal*
1890	*la Bête humaine*

GERMINAL

V, 5

• Zola avait visité les mines du nord de la France après une grève suivie d'une fusillade meurtrière. Dans *Germinal*, la direction affame les mineurs pour qu'ils reprennent le travail. La grève tourne alors à la révolte violente.
• Mme Hennebeau, épouse du directeur, en promenade avec ses invités, trouve refuge dans une grange tandis que passe le cortège.

Vous remarquerez

• **La vision épique**
→ Omniprésence du pluriel.
→ Juxtaposition de détails concrets, de mots techniques (les métiers de la mine) et d'éléments symboliques, historiques, politiques.
→ Une description construite : des *femmes*/des « *petits* »/des *hommes*/des *armes*.

• **L'image de la Révolution**
→ Plusieurs notations renvoient à la Révolution française.
→ Zola agit sur la mémoire du lecteur (« mugissement » : le verbe « mugir » figure dans les premiers vers de *la Marseillaise*). Mme Hennebeau et l'ingénieur Négrel jouent, dans ce tableau, le rôle des aristocrates de 1789.

Les femmes avaient paru, près d'un millier de femmes, aux cheveux épars dépeignés par la course, aux guenilles montrant la peau nue, des nudités de femelles lasses d'enfanter des meurt-de-faim. Quelques-unes tenaient leur petit entre les bras, le soulevaient, l'agitaient, ainsi qu'un drapeau de deuil et de vengeance. D'autres, plus jeunes, avec des gorges gonflées de guerrières, brandissaient des bâtons ; tandis que les vieilles, affreuses, hurlaient si fort, que les cordes de leurs cous décharnés semblaient se rompre. Et les hommes déboulèrent ensuite, deux mille furieux, des galibots, des haveurs, des raccommodeurs[1], une masse compacte qui roulait d'un seul bloc, serrée, confondue, au point qu'on ne distinguait ni les culottes déteintes ni les tricots de laine en loques, effacés dans la même uniformité terreuse. Les yeux brûlaient, on voyait seulement les trous des bouches noires, chantant *la Marseillaise*, dont les strophes se perdaient en un mugissement confus, accompagné par le classement des sabots sur la terre dure. Au-dessus des têtes, parmi le hérissement des barres de fer, une hache passa, portée toute droite ; et cette hache unique, qui était comme l'étendard de la bande, avait, dans le ciel clair, le profil aigu d'un couperet de guillotine.

« Quels visages atroces ! » balbutia Mme Hennebeau.

Négrel[2] dit entre ses dents : « Le diable m'emporte si j'en reconnais un seul ! D'où sortent-ils donc, ces bandits-là ? »

(1) Les galibots posent des étais dans les galeries, les haveurs creusent, les raccommodeurs entretiennent les voies et les étais.

(2) Ingénieur.

PAUL VERLAINE

(1844-1896)

Vie de Verlaine

Un jeune employé de bureau

■ Né à Metz, Verlaine prépare le baccalauréat à Paris et entre, à dix-huit ans, dans les bureaux de l'Hôtel de Ville. Son emploi lui laisse du temps pour la littérature. Il fréquente les poètes, publie des vers, des critiques dans des revues, fait paraître enfin, en 1866 un recueil, les *Poèmes Saturniens*.

L'alcool

■ Mais il est déjà alcoolique. Il entre dans de folles fureurs et, en 1869, en vient à brutaliser sa mère. Pourtant le recueil des *Fêtes Galantes*, publié la même année, est une suite de délicats paysages intérieurs.

■ Il rencontre la jeune Mathilde Mauté, âgée de seize ans, qu'il épouse en août 1870. Dans *la Bonne chanson*, publiée alors, il chante son amour et ses bonnes résolutions dans des vers simples et intimes.

Rimbaud

■ Cependant, Paris est assiégé ; Verlaine se remet à boire. Soupçonné de sympathies pour la Commune, il perd son emploi.

■ Enfin, en septembre 1871, il abandonne sa femme et entame, avec le poète Arthur Rimbaud, une liaison et un vagabondage qui tournent au drame en juillet 1873 : Rimbaud lui annonce qu'il le quitte et Verlaine, ivre, le blesse légèrement de deux coups de revolver. Verlaine est jugé à Bruxelles, où les faits ont eu lieu. Il est condamné à deux ans de prison.

Repentir

■ En cellule, il se repent et voudrait reprendre la vie commune avec Mathilde. Mais celle-ci a obtenu un jugement de séparation. Une conversion le ramène alors à Dieu : ses poèmes de croyant paraîtront dans *Sagesse*, publié en 1881.

■ À sa libération, en 1875, Verlaine a atteint la trentaine. Il tente de vivre selon son idéal chrétien : il enseigne en Angleterre, en France, s'essaye brièvement à l'agriculture.

Déchéance et célébrité

■ Il recommence à boire et à frapper sa mère, qui ne l'a jamais abandonné. Il publie de nouveaux recueils, certains tournés vers Dieu, d'autres d'inspiration érotique. Il a quarante-deux ans quand la mort de sa mère le prive de toute ressource. Verlaine est désormais presque un clochard, fréquentant les hôpitaux et les cafés.

■ Mais des personnalités littéraires s'avisent qu'il a été un grand poète et qu'il a révélé au public Rimbaud et Mallarmé. On lui demande des conférences, des souvenirs, sans le tirer pour autant de la misère, dans laquelle il meurt à cinquante-deux ans. À ses obsèques, une foule d'admirateurs suit son cercueil.

Œuvres poétiques de Verlaine

1866	*Poèmes saturniens*
1869	*Fêtes galantes*
1870	*la Bonne chanson*
1874	*Romances sans paroles*
1881	*Sagesse*
1885	*Jadis et Naguère*

POÈMES SATURNIENS

Chanson d'automne

• Par « saturnien », il faut entendre « sous l'influence maligne de Saturne ». Verlaine voit en lui-même « bonne part de malheur et bonne part de bile ». D'où une poésie sensible, inquiète, mais aussi musicale.
• Dans un *Art poétique*, écrit beaucoup plus tard, mais qui vaut pour toute son œuvre, Verlaine exige : *De la musique avant toute chose.*

Vous remarquerez

• **La musique**
→ La strophe en vers brefs (4/4/3/4/4/3) fait intervenir la rime à intervalles très rapprochés ; d'où une intense musicalité.

• **Le climat dépasse le sens**
→ La plainte lyrique à la première personne, les éléments morbides du vocabulaire, la simplicité et la transparence du style n'évoquent pas des circonstances trop précises et des sentiments trop individualisés. D'où une émotion contagieuse.

Les sanglots longs
Des violons
De l'automne
Blessent mon cœur
D'une langueur
Monotone.

Tout suffocant
Et blême, quand
Sonne l'heure,
Je me souviens
Des jours anciens
Et je pleure,

Et je m'en vais
Au vent mauvais
Qui m'emporte
Deçà, delà,
Pareil à la
Feuille morte.

GUY DE MAUPASSANT

(1850-1893)

Vie de Maupassant

Une jeunesse normande

- Guy de Maupassant naît près de Dieppe au château de Miromesnil, loué par ses parents.
- Élève brillant mais dissipé au lycée de Rouen, il a pour correspondant Louis Bouilhet, grand ami de Flaubert. Bouilhet lui prodigue ses conseils et l'initie à la littérature.

Un petit fonctionnaire

- Pendant la guerre de 1870, Maupassant, enrôlé dans les gardes mobiles, enregistre des observations dont il nourrira ses récits.
- À vingt et un ans, en 1871, il obtient un petit emploi aux écritures dans un ministère. Il connaît ainsi, intimement, la vie des bureaucrates subalternes.

Un apprenti écrivain

- Dans les mêmes années, Flaubert, ami d'enfance de sa mère, l'initie à l'écriture. Il lui apprend à trouver l'inexploré dans le réel, à fustiger les préjugés bourgeois, et, surtout, à être d'une extrême exigence en matière de style.
- Maupassant rédige alors des poèmes, de petites pièces de théâtre et des contes. Il a pour loisir les longues promenades, le canotage et les femmes.

La gloire littéraire

- Maupassant fait son entrée en littérature avec *Boule de suif*, un conte ironique et audacieux, qui révèle avec éclat son talent. Écrivain fécond, il donnera en onze ans (de 1880 à 1891) près de trois cents contes. Il publie ses contes et nouvelles dans des quotidiens et les rassemble ensuite dans des recueils.

■ Maupassant peint les paysans de sa province natale, les petits fonctionnaires, parfois les milieux mondains ou des épisodes – curieux, cruels, héroïques – de la guerre de 1870, et encore des anecdotes tirées de ses voyages, notamment en Afrique du Nord.

■ À partir de 1883 (Maupassant est alors âgé de trente-trois ans), les romans alternent avec les contes. Ces romans ont pour cadre la haute société et pour sujet l'ascension sociale et, plus encore, les secrets du cœur.

La folie et la mort

■ Mais de graves soucis de santé l'accablent, conséquences probables de la syphilis : maux de tête, troubles de la vue, altération de l'humeur. La folie se déclare vers la fin de 1891. Il meurt dix-huit mois plus tard, à quarante-trois ans.

Œuvres de Maupassant

1881	*la Maison Tellier*, contes et nouvelles
1882	*Mademoiselle Fifi*, contes et nouvelles
1883	*Une Vie*, roman ; *Contes de la bécasse*
1885	*Contes du jour et de la nuit ; Bel Ami*, roman
1887	*Mont Oriol*, roman ; *le Horla*, contes et nouvelles
1888	*Pierre et Jean*, roman ; *le Rosier de Madame Husson*, contes et nouvelles
1889	*Fort comme la mort*, roman
1890	*Notre cœur*, roman

CONTES DU JOUR ET DE LA NUIT

le Vieux

• Ce récit, comme beaucoup d'autres dans l'œuvre de Maupassant, évoque les paysans de sa terre natale. Le beau-père d'un fermier normand, maître Chicot, est à l'agonie. Comme le travail presse à la ferme il a déjà appelé parents et amis du voisinage pour les obsèques. Mais le « pé » tarde à mourir et les invités sont arrivés ! Ils commencent à manger les traditionnels gâteaux d'enterrement, les « boules ».

Vous remarquerez

- **« La vérité choisie et expressive »**
→ Cette formule définit l'art selon Maupassant. Les éléments empruntés à la réalité ne sont pas nombreux mais choisis comme les plus caractéristiques.
→ La description ne fait plus obstacle, comme chez d'autres écrivains, au sentiment de réalité immédiate.

- **L'acuité psychologique**
→ Épargnant au lecteur les longues analyses de sentiments, Maupassant fixe en quelques mots des secrets de l'âme : « retenue par une peur avide... ».

- **La maîtrise du style**
→ Un style transparent, sans effet littéraire visible.
→ Mais des mots et des tournures expressifs (« Les brocs se suivaient, se vidaient... »).
→ Des portraits en trois mots (« Un gros paysan jovial »).
→ Un art consommé de la phrase brève.

- **Le pessimisme**
→ Les sentiments dominants, dans cette scène sont l'égoïsme, la honte, l'angoisse de la mort. Sentiments bien représentatifs de l'ensemble de l'œuvre de Maupassant : chaque page représente une négation de l'espérance.

Maître Chicot, la bouche pleine, prononça :

« S'i nous véyait, l'pé, ça lui f'rait deuil. C'est li qui les aimait d'son vivant. »

Un gros paysan jovial déclara :

« I n'en mangera pu, à c't'heure. Chacun son tour. »
Cette réflexion, loin d'attrister les invités, sembla les réjouir. C'était leur tour, à eux, de manger des boules.
Mme Chicot, désolée de la dépense, allait sans cesse au cellier chercher du cidre. Les brocs se suivaient et se vidaient coup sur coup. On riait maintenant, on parlait fort, on commençait à crier comme on crie dans les repas.
Tout à coup une vieille paysanne qui était restée près du moribond, retenue par une peur avide de cette chose qui lui arriverait bientôt à elle-même, apparut à la fenêtre, et cria d'une voix aiguë :
« Il a passé ! Il a passé ! »
Chacun se tut. Les femmes se levèrent vivement pour aller voir.
Il était mort, en effet. Il avait cessé de râler. Les hommes se regardaient, baissaient les yeux, mal à leur aise. On n'avait pas fini de mâcher les boules. Il avait mal choisi son moment, ce gredin-là.
Les Chicot, maintenant, ne pleuraient plus. C'était fini, ils étaient tranquilles. Ils répétaient :
« J'savions bien qu'ça n'pouvait point durer. Si seulement il avait pu s'décider c'te nuit, ça n'aurait point fait tout ce dérangement. »

ARTHUR RIMBAUD

(1854-1891)

Vie de Rimbaud

Un fugueur de génie

■ Rimbaud naît à Charleville. Son père, sous-officier, est absent le plus souvent. Sa mère l'élève sévèrement, sans maîtriser, pourtant, son caractère rebelle. Au collège de la ville, il est exceptionnellement brillant en vers latins et il fait de grandes lectures.

■ Son professeur de première encourage ses essais poétiques qui dénotent une singulière maturité. Rimbaud les renie pourtant dès l'année suivante. Plutôt que de se présenter au baccalauréat, il choisit la fugue.

Verlaine

■ Rimbaud avait envoyé des poèmes à Verlaine. Celui-ci, enthousiasmé, l'invite à Paris en septembre 1871. Rimbaud a dix-sept ans. Il apporte un long poème, *le Bateau ivre*, qui décrit l'expérience dont il rêve.

■ À Paris, il choque par la grossièreté de ses manières. Il se lie à Verlaine et les deux poètes quittent la capitale en juillet 1872. Ils séjourneront à Londres, y donnant des leçons de français. En 1873, à Bruxelles, Verlaine, ivre, tire deux coups de revolver sur son amant, qui a décidé de le quitter. Rimbaud est légèrement blessé.

Se faire voyant

■ La France a perdu la guerre de 1870 et le Second Empire est tombé. L'insurrection de la Commune contrôle Paris.

■ Dans ses poèmes d'alors, Rimbaud attaque le conformisme bourgeois et le catholicisme.

■ Puis, à partir du printemps 1871, il conçoit un projet poétique complètement étranger à la tradition : « Je dis qu'il faut être voyant, se faire voyant », écrit-il à un ami. « Le Poète se fait voyant par un long, immense et raisonné dérèglement de tous les sens. Toutes les formes d'amour, de souffrance, de folie ; il cherche lui-même, il épuise en lui tous les poisons pour n'en garder que les quintessences. »

■ Pendant l'errance de 1872-1873, Rimbaud a composé des poèmes en prose qui paraîtront, plus tard, sous un titre imaginé par Verlaine : *Illuminations*. Il écrit également, en 1873, une relation de cette période, *Une saison en Enfer*.

Rimbaud après Rimbaud

■ En 1875, à vingt et un ans, Rimbaud se détourne définitivement de la littérature. De son vivant, certains de ses poèmes paraîtront dans des revues, à son insu. Un premier recueil d'œuvres complètes, réunies par l'une de ses sœurs et par son beau-frère, paraîtra, sans qu'il le sache, en 1891, l'année de sa mort.

■ À partir de 1875, il vit à l'étranger : un court engagement dans l'armée hollandaise à Java, puis l'Autriche, l'Allemagne, Chypre, l'Arabie et enfin un comptoir commercial, isolé mais florissant, en Abyssinie. Rapatrié à Marseille pour une tumeur au genou, il meurt à trente-sept ans.

Œuvres de Rimbaud

1870-1875	(rédaction), œuvres poétiques
1873	*Une Saison en Enfer*, prose autobiographique mêlée de vers. Ouvrage imprimé à Bruxelles aux frais de l'auteur. Non diffusé
1886	*Illuminations*, poèmes en prose. Édité par Verlaine à l'insu de l'auteur
1891	*Œuvres*, édition préparée à l'insu de l'auteur

UNE SAISON EN ENFER

• Un passage de ce texte en prose autobiographique relate la genèse des nouvelles expériences poétiques de Rimbaud. Un poème de quatre strophes (plus un vers) suit ce récit. Nous citons ici les deux premières strophes.

Vous remarquerez

- **Une esthétique inédite mais représentant une de ses « folies »**

→ L'art et la culture traditionnels disqualifiés (1er §), l'imagination libérée (2e §), goût des « correspondances » (3e §, voir Baudelaire, p. 164), la poésie exprime l'inexprimable (4e § : cette idée fonde la poésie moderne).

- **Un poème en prose, puis en vers**

→ Une prose rythmée, suivie de vers de onze syllabes (Verlaine prônait alors « l'impair »).

→ Des rimes boiteuses (ABCB,ABDC).

→ Contre-rejet audacieux (v. 7-8 : « case »/« Chérie ? »).

→ Vocabulaire disparate (« liqueur d'or »/« suer »).

→ Formules énigmatiques : « cette jeune Oise », « ces gourdes jaunes ».

- **Une persistance de la tradition romantique**

→ Un souvenir personnel, un malaise dans l'âme et dans le paysage.

→ Deux « beaux » vers de rythme ternaire (1 et 6).

A moi. L'histoire d'une de mes folies.

Depuis longtemps, je me vantais de posséder tous les paysages possibles, et trouvais dérisoires les célébrités de la peinture et de la poésie modernes.

J'aimais les peintures idiotes, dessus de porte, décors, toiles de saltimbanques, enseignes, enluminures populaires ; la littérature démodée, latin d'église, livres érotiques sans orthographe, romans de nos aïeules, contes de fées, petits livres de l'enfance, opéras vieux, refrains niais, rythmes naïfs.

Je rêvais croisades, voyages de découvertes dont on n'a pas de relations, républiques sans histoires, guerres de religion étouffées, révolutions de mœurs, déplacement de races et de continents ; je croyais à tous les enchantements.

J'inventai la couleur des voyelles ! – A noir, E blanc, I rouge, O bleu, U vert. – Je réglai la forme et le mouvement de chaque consonne et, avec des rythmes instinctifs, je me flattai d'inventer un verbe poétique accessible, un jour ou l'autre, à tous les sens. Je réservais la traduction.

Ce fut d'abord une étude. J'écrivais des silences, des nuits, je notais l'inexprimable. Je fixais des vertiges.

Loin des oiseaux, des troupeaux, des villageoises,
Que buvais-je, à genoux dans cette bruyère
Entourée de tendres bois de noisetiers,
Dans un brouillard d'après-midi tiède et vert ?

Que pouvais-je boire dans cette jeune Oise,
– Ormeaux sans voix, gazon sans fleurs, ciel couvert ! –
Boire à ces gourdes jaunes, loin de ma case
Chérie ? Quelque liqueur d'or qui fait suer.

Le XXe siècle

Comme le XIXe, le XXe siècle n'est nullement homogène en matière de littérature et d'arts. Une ligne de partage distingue les tenants de la modernité et les partisans de la tradition.

Ceci se vérifie tant dans les arts plastiques et dans la musique que dans la littérature.

Le XXe siècle

Repères historiques

La Belle Epoque : 1900-1918

■ La fin du XIXe siècle est optimiste, grâce aux progrès de la science et de l'industrie et à l'empire colonial. Mais la Première Guerre mondiale, de 1914 à 1918, fait des millions de morts parmi les jeunes hommes. Elle s'achève avec la victoire des Alliés (USA, France, Angleterre) sur l'Allemagne.

L'entre-deux-guerres : 1919-1939

■ Après les horreurs de la guerre, on cherche à oublier. C'est l'époque des « Années folles » (1919-1925 environ) : les mœurs se libèrent, le cinéma et le jazz triomphent. Mais la crise économique mondiale, à partir de 1929, met fin à l'optimisme. Le communisme et le fascisme créent une menace de guerre.

La Seconde Guerre mondiale : 1939-1945

■ Cette guerre opposera les puissances de « l'Axe » (notamment l'Allemagne nazie, l'Italie fasciste, le Japon) et les « Alliés » (les États-Unis, l'Angleterre, la France). La France, vaincue en 1940, est occupée. Le régime de Vichy, dirigé par le Maréchal Pétain collabore avec l'Allemagne. Des mouvements de résistance tentent de mettre en échec cette politique.

La Quatrième République : 1946-1958

■ En 1944 la France est libérée. Les puissances de l'Axe capitulent en 1945. Après un gouvernement provisoire (1944-1946), la Quatrième République est proclamée. Elle entreprend le relèvement de la France tandis qu'un « rideau de fer » tombe entre le bloc soviétique (l'URSS et ses alliés) et le monde libre (les États-Unis et l'Europe occidentale, dont la France). La menace d'un conflit atomique pèse sur les esprits.

La Cinquième République : à partir de 1958

■ Affaiblie par ses divisions, la Quatrième République cède la place à la Cinquième, proclamée par le général de Gaulle en 1958. La France accorde l'indépendance aux colonies qu'elle n'a pas perdu militairement (comme l'Indochine – l'actuel Vietnam –, et l'Algérie). Jusque vers 1970, le pays connaît une période de prospérité mais aussi de remise en question des institutions et des valeurs traditionnelles. En mai 1968, une révolte étudiante suivie d'une grève générale provoque le départ du général de Gaulle.

Repères littéraires

Avant 1914

■ La modernité littéraire, inventée au XIXe siècle par Baudelaire, Rimbaud, Mallarmé, élargit son audience au début du vingtième. Un art nouveau, le cinéma, des peintures nouvelles, le cubisme, l'abstraction, confirment l'idée selon laquelle la modernité ne consiste pas seulement à accueillir le monde moderne dans les œuvres, mais à inventer de nouveaux langages.

■ Parallèlement, des écrivains originaux mais non modernistes, comme Marcel Proust, montrent la fragilité des conventions bourgeoises et l'agonie de l'ancienne aristocratie.

L'expérience de l'inhumain

■ Pour la littérature, la Première Guerre mondiale est, d'abord, une mutilation : de nombreux écrivains y périssent, de grandes figures, comme Péguy, Apollinaire et aussi nombre d'écrivains de moindre envergure et enfin des milliers de jeunes gens qui n'auront jamais fait leurs preuves.

■ D'autres échappent de justesse à la tuerie, au seuil de leur carrière littéraire, comme Céline, très grièvement blessé. Tous les survivants auront fait l'expérience de l'inhumain.

L'entre-deux-guerres

■ La guerre ne fait qu'encourager les modernistes à aller plus avant dans l'exploration du potentiel mental de l'homme.

■ Parallèlement, dans des formes plus proches de la tradition, se développe une littérature de l'héroïsme, du désespoir, de l'absurde, notamment dans les romans de Céline, Sartre, Malraux, Camus.

Du dada au surréalisme

■ À Zurich, en 1916, un petit groupe d'artistes de divers horizons inventent une esthétique anarchiste qui refuse la religion, la politique, la littérature et les arts : il s'agit de faire table rase pour laisser jaillir « ce qui reste », sans doute une forme de poésie. Ils nomment leur mouvement d'un mot volontairement dépourvu de sens « dada ». L'animateur du mouvement est un jeune écrivain roumain, Tristan Tzara (1896-1963).

■ Le mouvement Dada connaît son apogée au début des années 20. André Breton (1896-1966), rejetant le dadaïsme, trop nihiliste à ses yeux, forme un groupe surréaliste, dont le manifeste paraît en 1924.

Le mouvement surréaliste

■ Le Manifeste définit le surréalisme comme un « automatisme psychique pur par lequel on se propose d'exprimer, soit verbalement, soit par écrit, soit de toute autre manière, le fonctionnement réel de la pensée. » Il en résulte qu'une œuvre surréaliste est une « dictée de la pensée, en l'absence de tout contrôle exercé par la raison, en dehors de toute préoccupation esthétique ou morale ». Le surréalisme s'appuie, en partie, sur la psychanalyse de l'Autrichien Siegmund Freud, devenue accessible au lecteur français.

■ Le mouvement surréaliste réunit des écrivains, parmi lesquels Breton, Éluard, Aragon, des peintres notamment Ernst, Picabia, de Chirico et des cinéastes, dont Buñuel.

■ Le surréalisme tiendra une place importante (mais pas exclusive) dans la vie culturelle, en France, jusqu'aux années 50. Le mouvement traversa plusieurs crises. La plus grave entre 1930 et 1935 est provoquée par les rapports du surréalisme avec le communisme ; la plupart des écrivains surréalistes (à l'exception notable de Breton) adhèrent au Parti Communiste ; presque tous reprennent rapidement leur indépendance, mais Aragon et Éluard resteront fidèles à leur engagement marxiste. Après cette crise, les surréalistes cessent de former un groupe uni.

Des dictatures à la liberté

■ Pendant le régime de Vichy, la censure règne en France. Cette situation n'empêche pas une riche activité littéraire. Certains écrivains choisissent la clandestinité, d'autres l'exil, d'autres la neutralité politique, d'autres encore épousent les thèses fascistes, comme les romanciers Drieu La Rochelle et Céline.

■ La Libération voit se poursuivre la coexistence entre les modernistes dont beaucoup poursuivent l'expérience surréaliste et d'autres écrivains, qui s'accommodent d'un langage classique pour traduire leurs idéaux humanistes.

L'existentialisme

■ Ainsi, en 1946 (*L'Existentialisme est un humanisme*), Jean-Paul Sartre prône une morale de la liberté et de la responsabilité, l'« existentialisme » : dans un monde sans dieu, l'homme est responsable et sans excuse ; la vie humaine consiste en un effort permanent de choix et de décisions effectués librement ; la seule limite à cette liberté est celle d'autrui.

Mais comment échapper, dans ces conditions, à la conscience angoissée du néant et de l'absurdité de l'existence ? Sartre répondra par le militantisme d'extrême gauche. Camus par un roman de la solidarité et de l'amitié (*La Peste*, 1947) et par une « révolte » qui consiste à supporter le poids de la vie (*L'Homme révolté*, 1951).

Le nouveau roman

■ Cependant, dès le début des années 1950, certains tentent de changer les règles du roman, du théâtre et de la critique littéraire. On assiste alors à la naissance du « nouveau roman », du « nouveau théâtre » et, un peu plus tard, de la « nouvelle critique. ».

■ Le terme de *nouveau roman* apparaît dans les années 1950. Il désigne les œuvres d'une demi-douzaine de romanciers qui abandonnent les règles du genre romanesque au profit de nouvelles techniques : Nathalie Sarraute (1900-1999) remplace le personnage traditionnel par son seul monologue intérieur, une « sous-conversation » psychologique sans progression romanesque. Robbe-Grillet (né en 1922) pousse la description jusqu'à une précision si minutieuse que la narration s'y enlise.

■ Les personnages des nouveaux romans sont anonymes, sans identité, sans passé. La chronologie se perd. Les thèmes, les événements sont répétés avec de légères variations. Dans leurs écrits théoriques, les « nouveaux romanciers » suggèrent que le véritable sujet de leurs œuvres de fiction est l'écriture elle-même. Ainsi, pour Ricardou (né en 1932), il ne s'agit plus de l'« écriture d'une aventure » mais de l'« aventure d'une écriture ».

Le XXe siècle : 1900-1970

LES RÉGIMES POLITIQUES

1870 IIIe République **1940** Gouvernement de Vichy **1944** IVe République **1958** Ve République

LES ÉVÉNEMENTS

1905 Séparation des Églises et de l'État
1906 Réhabilitation de Dreyfus
1914-1918 Première Guerre mondiale
1917 Révolution russe
1918 Armistice : fin de la Première Guerre mondiale
1929 Crise économique mondiale
1933 Hitler au pouvoir en Allemagne
1936 Front populaire : réformes sociales en France
1936 Guerre civile espagnole
1939 Seconde Guerre mondiale
1944 Libération de la France
1945 Fin de la Seconde Guerre mondiale
1958 De Gaulle, Président de la République
1962 Indépendance de l'Algérie
1968 Révolte étudiante, grève générale

LES AUTEURS

1868 — CLAUDEL — 1955
1869 — GIDE — 1951
1871 — PROUST — 1922
1871 — VALÉRY — 1945
1880 — APOLLINAIRE — 1918
1882 — GIRAUDOUX — 1944
1894 — CÉLINE — 1951
1895 — ÉLUARD — 1952
1897 — ARAGON — 1982
1896 — BRETON — 1966
1901 — MALRAUX — 1976
1905 — SARTRE — 1980
1906 — BECKETT — 1989
1908 — SIMONE DE BEAUVOIR — 1986
1910 — ANOUILH — 1987
1912 — IONESCO — 1994
1913 — CAMUS — 1960
1914 — MARGUERITE DURAS — 1996

PAUL CLAUDEL

1868-1955)

Vie de Paul Claudel

Vers la foi catholique

- D'origine lorraine, Claudel naît en Champagne dans un village dont son grand-oncle avait été curé. Il a quatorze ans quand sa famille s'installe à Paris.
- Il poursuit de bonnes études au lycée Louis-le-Grand. La lecture de Rimbaud le délivre du matérialisme scientiste des années 1880 : pour la première fois, Claudel ressent l'impression vivante du surnaturel.
- À dix-huit ans, lors d'un Office de Noël à Notre-Dame, il rencontre la foi catholique qu'il conservera, fervente et intacte, toute sa vie.

Un écrivain diplomate

- Reçu premier au Concours des Affaires étrangères en 1890, il devient, à vingt-cinq ans, consul suppléant à New-York. Suivent quatorze années (1895-1909) dans des postes diplomatiques en Chine et au Japon. De retour d'Extrême-Orient, il est nommé à Prague, à Francfort, à Hambourg, en Italie, à Rio-de-Janeiro et enfin à Copenhague. En 1922, il est ambassadeur à Tokyo, en 1928 à Washington puis à Bruxelles.
- Il meurt à quatre vingt-six ans n'ayant jamais cessé d'écrire, depuis sa quatorzième année, des poèmes, du théâtre, puis des essais et des méditations bibliques.

Œuvres de Paul Claudel

1895-1905	*Connaissance de l'Est*, essais
1897	*la Ville*, théâtre
1906	*Partage de midi*, théâtre

1907	*Art poétique, essais*
1909	*l'Otage*, théâtre.
1910	(rédaction : 1904-1908) *Cinq Grandes Odes*, poésie
1910	*l'Annonce faite à Marie*, théâtre
1914	*le Pain dur*, théâtre
1916	*le Père humilié*, théâtre
1924	*le Soulier de satin*, théâtre
1928	*Positions et Propositions I*, essais
1934	*Positions et Propositions II*, essais
1946	*l'Œil écoute*, critique d'art

L'ANNONCE FAITE À MARIE

Première version

Prologue

• La création dramatique de Claudel, très abondante, est celle qui lui apporta le plus de gloire. Le Prologue de *L'Annonce faite à Marie* se déroule dans une grange de la région de Reims. Nous sommes au Moyen Âge. La jeune Violaine rencontre l'architecte Pierre de Craon qui l'a autrefois désirée et qui a contracté la lèpre. Violaine est désormais fiancée à un autre, mais elle donnera à Pierre un baiser, qui contribuera à déclencher le drame. Voici un fragment de leur dialogue. Il précède le moment où l'architecte lépreux lui révèle sa maladie.

Vous remarquerez

• **Un dialogue sur le mystère de l'amour**

→ Un marivaudage spirituel : Pierre de Craon est sûr de son jugement sur les choses et les hommes, mais incertain devant l'amour (on devine qu'il aime encore Violaine), puis enfin, sûr de lui par sa foi en Dieu.

→ Violaine est à la fois coquette et pudique. Le mot « mystère » appartient au vocabulaire profane et au vocabulaire sacré.

- **La spiritualité dramatisée**

→ Grande abondance d'éléments concrets et de sentiments exprimés clairement. Un climat de ferveur religieuse mêlée aux signes avant-coureurs d'un drame.

PIERRE DE CRAON – Jadis passant dans la forêt de Fisme j'ai entendu deux beaux chênes qui parlaient entre eux.
Louant Dieu qui les avait faits inébranlables à la place où ils étaient nés.
Maintenant, à la proue d'une drome, l'un fait la guerre aux Turcs sur la mer Océane,
L'autre, coupé par mes soins, au travers de la Tour de Laon,
Soutient Jehanne la bonne cloche dont la voix s'entend à dix lieues.
Jeune fille, dans mon métier, on n'a pas les yeux dans sa poche. Je reconnais la bonne pierre sous les genévriers et le bon bois comme un maître-pivert ;
Tout de même les hommes et les femmes.

VIOLAINE – Mais pas les jeunes filles, maître Pierre ! Çà, c'est trop fin pour vous.
Et d'abord il n'y a rien à connaître du tout.

PIERRE DE CRAON, *à demi-voix* – Vous l'aimez bien, Violaine ?

VIOLAINE, *les yeux baissés* – C'est un grand mystère entre nous deux.

PIERRE DE CRAON – Bénie sois-tu dans ton chaste cœur !
La sainteté n'est pas d'aller se faire lapider chez les Turcs ou de baiser un lépreux sur la bouche,
Mais de faire le commandement de Dieu aussitôt,
Qu'il soit
De rester à notre place, ou de monter plus haut.

VIOLAINE – Ah ! que ce monde est beau et que je suis heureuse !

PIERRE DE CRAON, *à demi-voix* – Ah ! que ce monde est beau et que je suis malheureux !

ANDRÉ GIDE

(1869-1951)

Vie d'André Gide

Bourgeoisie protestante

■ Le père d'André Gide, professeur de droit, et sa mère, issue de la haute bourgeoisie partagent la même foi protestante et les mêmes principes moraux rigoureux. Il a onze ans quand son père meurt. Dès lors, il est élevé par des femmes.

■ De santé fragile, il doit souvent interrompre ses études à l'École Alsacienne à Paris et au lycée de Montpellier. Dès l'âge de quinze ans, il voue un amour passionné et platonique pour une cousine, Madeleine Rondeaux.

Mariage blanc

■ Sa fortune personnelle lui permet d'envisager d'écrire sans souci financier. Ses premières publications, dans les années 1891-1893 répondent à l'idéal symboliste.

■ À vingt-six ans, en 1895, lors d'un voyage en Afrique du Nord, il donne enfin libre court au désir homosexuel qu'il portait en lui. Cependant, la même année, il épouse Madeleine Rondeaux. Ils conviennent d'un mariage blanc. L'expérience s'avèrera moralement douloureuse.

Notoriété littéraire

■ Il atteint en 1914, avec les *Caves du Vatican*, une notoriété plus large que celle du petit cercle qui, jusqu'alors, s'intéressait à son œuvre. Par ailleurs, il fonde, avec quelques autres la *Nouvelle Revue Française*, par le biais de laquelle il exercera, pendant des décennies, une influence décisive sur le monde des lettres.

Au-dessus du scandale

- Une crise morale et religieuse, pendant la Première Guerre Mondiale, le conduit vers 1920 à rendre publique la vérité sur sa vie sexuelle. Cette révélation, dans *Si le Grain ne meurt*, en 1920, suscite pour son œuvre un regain d'intérêt d'où n'est pas absent le goût du scandale.
- En 1925, un roman, *les Faux-Monnayeurs*, bouscule la conception traditionnelle du roman.

Écrivain engagé

- D'un voyage au Congo effectué en 1925-1926, il tire un livre, en 1927, dont l'anti-colonialisme est très en avance sur l'opinion. De même, son *Retour d'U.R.S.S.*, en 1936, dénonce un stalinisme dont le culte, chez beaucoup, n'est pas même encore à son zénith.
- Dans le domaine personnel, la publication, en 1939, de son *Journal*, qu'il tient depuis sa vingtième année, donne au public une image, subtilement dessinée, de sa vie affective et intellectuelle.
- L'occupation allemande le conduit à s'installer en Tunisie pendant la Seconde Guerre mondiale. En 1947, il reçoit le prix Nobel.
- Une dernière publication, l'année de sa mort, à quatre-vingt deux ans, évoque, sans fard, les tortures de sa vie de couple.

Œuvres d'André Gide

1897	*Nourritures terrestres*, prose poétique
1902	*l'Immoraliste*, récit
1909	*la Porte étroite*, récit
1911	*Corydon*, essai
1914	*les Caves du Vatican*, roman
1919	*la Symphonie pastorale*, roman
1920	*Si le Grain ne meurt*, autobiographie (de l'enfance aux fiançailles)
1925	*les Faux-Monnayeurs*, roman
1939	*Journal* (1889-1939)
1946	*Thésée*, récit mythologique
1947	*Et nunc manet in te*, fragment autobiographique
1952	*Ainsi soit-il ou les Jeux sont faits*, méditations

ET NUNC MANET IN TE[1]

• Écrit en 1938, année de la mort de sa femme, publié à tirage limité en 1947 et donné à l'ensemble des lecteurs en 1951, année de la mort de l'auteur, cet écrit autobiographique retrace les étapes d'une vie de couple très douloureuse.

Vous remarquerez

• **L'art du portrait psychologique**

→ Une clarté toute classique dans l'analyse d'un tempérament : l'âme de Madeleine, telle que la décrit Gide en peu de mots, devient transparente pour le lecteur.

• **Un plaidoyer troublant**

→ Ce portrait plein de tendre sollicitude est un constat d'échec : il reconnaît qu'il s'est « épris » du projet de la rendre heureuse (ce qui n'implique pas qu'il se soit épris d'elle). Il attribue à sa propre « nature » (son homosexualité) l'échec de ce projet. Cette « nature », dont il convient qu'elle a souffert atrocement, le disculpe en quelque mesure, car il la présente comme un fait et comme une source de joie.

• **Une prose classique**

→ Sobre : une éloquence sans emphase (« Hélas ! »), des comparaisons simples (« comme un enfant qui a pris peur »).

→ Une langue discrètement archaïsante : « ainsi que » ligne 1, « de parfait aloi » (l. 4), « à la pouvoir beaucoup rassurer ». (l. 12-13).

→ L'utilisation du passé simple.

La confiance lui était naturelle, ainsi qu'aux âmes très aimantes. Mais cette confiance qu'elle apportait en entrant dans la vie fut bientôt rejointe par la crainte. Car elle avait, à l'égard de tout ce qui n'est pas de parfait aloi, une perspicacité singulière. Par une sorte

1. « Et maintenant, elle survit en toi ». Fragment d'un poème latin. Il y est question d'Orphée qui, par sa propre faute perd Eurydice, sa bien-aimée.

d'inflexion subtile, une inflexion de voix, l'ébauche d'un geste, un rien l'avertissait ; et c'est ainsi que, toute jeune encore et la première de la famille, elle s'aperçut de l'inconduite de sa mère. Ce secret douloureux, qu'elle dut d'abord et longtemps garder par devers elle, la marqua, je crois pour la vie. Toute la vie elle resta comme un enfant qui a pris peur. Hélas ! Je n'étais pas de nature à la pouvoir beaucoup rassurer. La petite photographie, à demi effacée à présent, qui me la représente à l'âge qu'elle avait alors, laisse lire sur son visage et dans la ligne étrangement évasive de ses sourcils, une sorte d'interrogation, d'appréhension, d'étonnement craintif au seuil de la vie. Et je sentais en moi tant de joie ! Un flot si jaillissant que son débordement saurait submerger sa tristesse. C'est la tâche que je m'assignais, dont je m'épris. Hélas ! Cette surabondance que je prétendais partager avec elle, ne devait parvenir qu'à l'inquiéter davantage. Elle semblait me dire alors : « Mais il ne m'en faut pas tant, pour mon bonheur ! »

MARCEL PROUST

(1871-1922)

La vie de Marcel Proust

Un enfant brillant et vulnérable

- Proust naît à Paris, dans le beau quartier d'Auteuil. Son père poursuit une grande carrière de médecin, sa mère est la fille d'un riche agent de change.

- Marcel est très attaché à sa mère ; à treize ans, lors d'un jeu de société, à la question « Quel est pour vous le comble de la misère ? », il répond : « Être séparé de maman. »

- Il fait de bonne études secondaires malgré une santé fragile, obtenant le prix d'honneur de dissertation française en classe terminale.

Le dilettante et le lettré

- Déjà, il est passionné de littérature et collabore à une revue de lycéens. Il prépare et obtient, en trois ans, une licence ès-lettres ; il est particulièrement marqué par les cours d'Henri Bergson sur « les données immédiates de la conscience ».

- La fortune de ses parents le dispense d'exercer une profession. Il est nommé « Attaché non rétribué à la bibliothèque Mazarine » en congé illimité ! Il n'y fera que de rares apparitions. En réalité, il fréquente les milieux mondains.

- Lors de l'affaire Dreyfus (Proust a vingt-six, vingt-sept ans), il prend parti, en privé, pour l'officier injustement condamné. Son activité d'écrivain tient en des essais sur la littérature et la vie mondaine.

Vers la grande œuvre

- Pourtant, deux deuils l'accablent : son père meurt en 1903, sa mère en 1905. Mais ces mêmes deuils le rendent libre de se consacrer à la grande œuvre qu'il hésitait à entreprendre, de peur de blesser ses parents par les sujets délicats qu'il va y aborder.

■ Malgré des crises d'asthme répétées, il se met à la tâche, sortant de moins en moins. En 1913 paraît le premier volume de la *Recherche*, intitulé *Du Côté de chez Swann*. Le livre est publié « à compte d'auteur » (= aux frais de l'auteur), tous les éditeurs l'ayant refusé. Mais, peu à peu, le succès vient et Proust reçoit le prix Goncourt en 1919. Il lui reste deux ans à vivre.

■ Traqué par la maladie, il parvient à achever son roman, dont le dernier et quinzième volume paraîtra en 1927, cinq ans après sa mort.

Á la recherche du temps perdu

■ *À la Recherche du temps perdu* de Marcel Proust est peut-être le plus grand roman français du XXe siècle. L'œuvre se situe à mi-chemin entre la fiction et l'autobiographie. De nombreuses expériences vécues par Proust y apparaissent et le narrateur écrit « je » : le roman présente donc la *forme* d'une autobiographie. Pourtant ce « je » n'est pas celui de la vie réelle. Le « je » du roman retrace une vie où la perception aiguë des objets, des sentiments, des personnes n'utilise la vie quotidienne (celle de Marcel Proust lui-même, et des êtres qu'il a rencontrés) que pour inviter son lecteur à voir et à sentir plus profondément le cœur humain et le monde matériel.

■ Les personnages de la *Recherche* sont souvent des constructions faites par Proust à partir de plusieurs personnes réelles. Il change aussi les noms et les lieux véritables. Selon Proust, la vraie vie, la vie « réellement vécue » est la littérature : parce que, une fois transformée en littérature, la vie échappe au temps destructeur et transforme le quotidien en beauté.

■ Le roman raconte l'existence d'un futur écrivain, depuis son enfance jusqu'au moment où il va se mettre à écrire le livre que nous lisons, la *Recherche* ! Le « je » du roman est, à la fois, l'enfant ou le jeune homme qui mûrit peu à peu, et l'écrivain qui l'observe et s'exprime au passé. La force de l'œuvre tient, en partie, à ce double point de vue.

Œuvres de Marcel Proust

1896 *les Plaisirs et les jours*, pages sur la littérature et la vie mondaine

1896-1904 (rédaction) *Jean Santeuil*, première version (à la troisième personne) de la *Recherche* (publ. 1952)

1913-1927 *À la Recherche du temps perdu* :

- **1913** *Du Côté de chez Swann*
- **1919** *À l'Ombre des jeunes filles en fleur* (Prix Goncourt)
- **1920** *le Côté de Guermantes*
- **1921** *Sodome et Gomorrhe*
- **1923** *la Prisonnière* (posthume)
- **1925** *Albertine disparue* (ou *la Fugitive*) (posthume)
- **1927** *le Temps retrouvé* (posthume)

DU CÔTÉ DE CHEZ SWANN

Première Partie

Combray

• Nous proposons dans cet extrait les premières lignes du livre.

Vous remarquerez

• **Les « données immédiates de la conscience »**

→ Comme le faisait le philosophe Bergson, l'écrivain examine à la loupe un état de conscience qui avait peu intéressé ses contemporains.

→ Il se place à la limite de la conscience et de l'inconscient, du rêve et de l'éveil : Freud et Proust, qui ne se connaissaient pas, écrivent exactement à la même époque.

• **L'importance du temps**

→ Les indications de temps abondent dans ces lignes. Temps biographique (l'enfant vu par l'adulte), temps vécu (la demi-heure, les quelques secondes), le soudain (« si vite ») le vertige historique (François Ier), etc.

• **L'intérieur et l'extérieur mêlés**

→ La bougie, le livre, le sujet du livre (objet, œuvre, situation historique) pénètrent la conscience, se transforment en une sorte de matériau mental. C'est exactement ainsi qu'agit la littérature.

• **Le sens musical**

→ Il est question de « quatuor » dans ces lignes. Mais la musique est aussi dans le style de Proust ; dans le rythme des phrases, mais aussi dans la sonorité lancinante des terminaisons de l'imparfait.

→ La simplicité du vocabulaire n'empêche pas la subtilité de l'analyse.

Longtemps, je me suis couché de bonne heure. Parfois, à peine ma bougie(1) éteinte, mes yeux se fermaient si vite que je n'avais pas le temps de me dire : « Je m'endors. » Et, une demi-heure après, la pensée qu'il était temps de chercher le sommeil m'éveillait ; je voulais poser le volume que je croyais avoir encore dans les mains et souffler ma lumière ; je n'avais pas cessé en dormant de faire des réflexions sur ce que je venais de lire, mais ces réflexions avaient pris un tour un peu particulier ; il me semblait que j'étais moi-même ce dont parlait l'ouvrage : une église, un quatuor(2) la rivalité de François Ier et de Charles-Quint(3). Cette croyance survivait pendant quelques secondes à mon réveil ; elle ne choquait pas ma raison, mais pesait comme des écailles sur mes yeux et les empêchait de se rendre compte que le bougeoir n'était plus allumé.

(1) La scène, non datée, se passe vers 1880, à l'époque de l'enfance de l'auteur.

(2) Morceau de musique classique écrit, en général, pour quatre instruments à cordes.

(3) Roi de France et Roi d'Espagne dans la première moitié du XVIe siècle.

DU CÔTÉ DE CHEZ SWANN

La « petite madeleine »

• Déjà adulte, mais vivant toujours chez ses parents, le narrateur fait, pour la première fois, l'expérience du temps retrouvé : à l'occasion d'une circonstance fortuite, la mémoire, par un mouvement involontaire, fait renaître un passé que l'on croyait perdu.

Vous remarquerez

• **L'extrême précision de l'analyse psychologique**

→ Proust s'intéresse à des états de conscience presque insaisissables. Cependant, il n'en rend pas compte par les approches indirectes de la poésie (suggestions, ellipses, etc.).

→ Il choisit, au contraire l'enquête intellectuelle, méthodique, raisonnée. Il retrouve ainsi le goût classique de la clarté : Racine (que Proust admirait) met au jour avec la même précision les zones d'ombre des âmes torturées.

• **Un climat nostalgique et passionné**

→ Le point de vue rétrospectif, le récit à la première personne, les métaphores subtiles et souriantes (« si grassement sensuel sous son plissage sévère et dévot ») adoucissent l'effort presque héroïque de l'analyse en lui donnant une couleur romanesque.

Il y avait déjà bien des années que, de Combray, tout ce qui n'était pas le théâtre et le drame de mon coucher n'existait plus pour moi, quand un jour d'hiver, comme je rentrais à la maison, ma mère, voyant que j'avais froid, me proposa de me faire prendre, contre mon habitude, un peu de thé. Je refusai d'abord et, je ne sais pourquoi, me ravisai. Elle envoya chercher un de ces gâteaux courts et dodus appelés Petites Madeleines qui semblent avoir été moulés dans la valve rainurée d'une coquille Saint-Jacques. Et bientôt, machinalement, accablé par la morne journée et la perspective d'un triste lendemain, je portai à mes lèvres une cuillerée du thé où j'avais laissé s'amollir un morceau de madeleine. Mais à l'instant même où la gorgée mêlée des miettes du gâteau toucha mon palais, je tressaillis, attentif à ce qui se passait d'extraordinaire en moi. Un plaisir délicieux m'avait envahi, isolé, sans la notion de sa cause. Il m'avait aussitôt rendu les vicissitudes de la vie indifférentes, ses désastres inoffensifs, sa brièveté illusoire, de la même façon qu'opère l'amour, en me remplissant d'une essence précieuse : ou plutôt cette essence n'était pas en moi, elle était moi. J'avais cessé de me sentir médiocre, contingent, mortel. D'où avait pu me venir cette puissante joie ? Je sentais qu'elle était liée au goût du thé et du gâteau, mais qu'elle le dépassait infiniment, ne devait pas être de même nature. D'où venait-elle ? Que signifiait-elle ? Où l'appréhender ?

[Le narrateur finit par deviner que l'origine de son émotion doit être dans un souvenir attaché à la saveur du gâteau mêlé au thé.]

Et tout d'un coup le souvenir m'est apparu. Ce goût, c'était celui du petit morceau de madeleine que le dimanche matin à Combray (parce que ce jour-là je ne sortais pas avant l'heure de la messe), quand j'allais lui dire bonjour dans sa chambre, ma tante Léonie m'offrait après l'avoir trempé dans son infusion de thé ou de tilleul. La vue de la petite madeleine ne m'avait rien rappelé avant que je n'y eusse goûté ; peut-être parce que, en ayant souvent aperçu depuis, sans en manger, sur les tablettes des pâtissiers, leur image avait quitté ces jours de Combray pour se lier à d'autres plus récents ; peut-être parce que, de ces souvenirs abandonnés si longtemps hors de la mémoire, rien ne survivait, tout s'était désagrégé ; les formes – et celle aussi du petit coquillage de pâtisserie, si grassement sensuel sous son plissage sévère et dévot – s'étaient abolies, ou, ensommeillées, avaient perdu la force d'expansion qui leur eût permis de rejoindre la conscience.

PAUL VALÉRY

(1871-1945)

Vie de Paul Valéry

De Sète à Paris

- De père corse et de mère italienne, Valéry naît à Sète, au bord de la Méditerranée. Il poursuit des études de droit, compose des poèmes, entre en relation avec Mallarmé, Gide, et d'autres personnalités du monde des lettres.
- À vingt-trois ans, il devient le secrétaire particulier d'un administrateur de l'agence Havas. Dans cette position, il accède à des informations précises sur les affaires du monde et dispose de larges loisirs pour ses réflexions personnelles.

La vie de l'esprit

- Le fruit de ces réflexions est contenu dans quelques ouvrages portant sur la vie de l'esprit et dans des cahiers où, chaque matin, il consigne des pensées sur de multiples sujets : le moi, l'intelligence, la sensibilité, l'art, la littérature, etc. Il conservera cette habitude quotidienne jusqu'à sa mort.

Un poète acclamé

- À l'instigation d'André Gide et de l'éditeur Gaston Gallimard, il envisage de publier ses vers de jeunesse et les complète par un poème nouveau, *la Jeune Parque*, dont le succès est très grand dès sa publication, en 1917. Quand Valéry réunit l'ensemble de sa production poétique sous le titre de *Charmes*, en 1922, beaucoup le considèrent comme le plus grand poète français vivant.
- Mais, avec *Charmes*, Valéry met un terme à son œuvre poétique. Couvert d'honneurs, il publiera encore, jusqu'à sa mort à soixante-quatorze ans, de nombreux textes de circonstance.

Œuvres de Paul Valéry

1890-1893	*Album de vers anciens*, poésie (publication : 1920)
1895	*Introduction à la méthode de Léonard de Vinci*, essai
1896	*la Soirée avec Monsieur Teste*, essai
1917	*la Jeune Parque*, poésie
1922	*Charmes*, poésie
1923	*l'Ame et la danse*, dialogue
1923	*Eupalinos*, dialogue
1945	*Mon Faust*, dialogue dramatique
1924-1944	*Variétés*, 5 volumes, études et écrits de circonstance

CHARMES

le Cimetière marin

• Le titre de ce recueil est à rapprocher du mot latin *carmina* : poèmes, incantations. Quant au « cimetière marin », il désigne le cimetière qui domine la mer à Sète, ville natale du poète.
• Nous citons les deux premières strophes d'un poème qui en comporte vingt-quatre.

Vous remarquerez

• **Un poème rythmé et travaillé**

→ « *Le Cimetière marin*, écrit Valéry, a commencé en moi par un certain rythme, qui est celui du vers français de dix syllabes, coupé en quatre et six. Je n'avais encore aucune idée qui dût remplir cette forme. Peu à peu des mots flottants s'y fixèrent, déterminèrent de proche en proche le sujet, et le travail (un très long travail), s'imposa. »

• **Le regard et la pensée**

→ Le regard se laisse envahir par le paysage, mais la pensée le maîtrise.

→ Une courte épigraphe (citation), tirée du poète grec Pindare, précède le poème de Valéry : « Ô mon âme, n'aspire pas à la vie immortelle, mais épuise le champ du possible. »

• **Le poète et son lecteur**

→ Valéry estime que le sens de son poème dépend de son lecteur autant que de lui-même. Par exemple, le vers 1 peut signifier : *des oiseaux blancs dans un cimetière dominant la mer* ; ou bien : *mer calme, et voiles blanches* ; ou encore d'autres sens suggérés par les mots et leur musique. Cette multiplicité de sens possibles se nomme *polysémie*.

Ce toit tranquille, où marchent des colombes,
Entre les pins palpite, entre les tombes ;
Midi le juste y compose de feux
La mer, la mer, toujours recommencée !
Ô récompense après une pensée
Qu'un long regard sur le calme des dieux !

Quel pur travail de fins éclairs consume
Maint diamant d'imperceptible écume,
Et quelle paix semble se concevoir !
Quand sur l'abîme un soleil se repose,
Ouvrages purs d'une éternelle cause,
Le Temps scintille et le Songe est savoir.

GUILLAUME APOLLINAIRE

(1880-1918)

Vie d'Apollinaire

La Côte d'Azur

■ Fils naturel d'une Romaine d'origine balte par son père et d'un officier italien, Wilhelm Apollinaris Albertus de Kostrowitzky (Apollinaire sera son nom de plume) et son frère cadet suivent leur mère dans la vie d'aventurière qu'elle mène sur la Côte d'Azur.

■ Le futur poète fréquente le collège à Monaco, à Cannes, à Nice, dévore les livres, cultive des amitiés cosmopolites.

Les peintres modernes

■ Très jeune, il doit subvenir à ses besoins. Il est, à Paris, employé de bureau, répétiteur, puis, en 1901-1902, précepteur de la fille d'une vicomtesse franco-allemande dans un château de Rhénanie. Il y connaît sa première grande aventure sentimentale avec la jeune gouvernante anglaise.

■ De retour à Paris, il devient l'ami des peintres modernes, Picasso, Derain, Vlaminck. Il contribue à faire reconnaître la peinture naïve du Douanier Rousseau.

■ En 1911, on l'accuse, à tort, d'avoir commis un vol au Musée du Louvre, avec la complicité de Picasso. Il est incarcéré quelques jours à la prison de la Santé.

Publications

■ Il fonde et dirige des revues d'art et de poésie, publie, sous pseudonyme des textes pornographiques rémunérateurs et, en 1909-1910, deux recueils de nouvelles, *l'Hérésiarque et Cie* et *l'Enchanteur pourrissant*, illustré par Derain.

- Un autre artiste, Raoul Dufy, orne de bois gravés l'album poétique du *Bestiaire* (1911). En 1913 paraissent un volume de critiques d'art, *Peintres cubistes* et le recueil poétique majeur, *Alcools*.

Le poète et la guerre

- Engagé volontaire en août 1914, Apollinaire est grièvement blessé en 1916. Cependant, une liaison amoureuse lui inspire les *Poèmes à Lou* (Louise de Coligny-Châtillon). En 1918 paraît un recueil de *Calligrammes*, poèmes en forme de dessins.
- Affaibli par sa blessure, il meurt de l'épidémie de « grippe espagnole », à trente-huit ans, deux jours avant la fin de la Première Guerre mondiale.

Œuvres principales d'Apollinaire

1911	*Bestiaire*, recueil de poèmes
1913	*Alcools*, recueil de poèmes
1918	*Calligrammes*, recueil de poèmes

ALCOOLS

Le Pont Mirabeau

- *Alcools* comporte des poèmes écrits entre 1898 et 1912. Durant ces quatorze années de production, Apollinaire, notamment au contact des peintres, a évolué vers une manière de plus en plus moderne.
- *Le Pont Mirabeau* est le poème le plus célèbre du recueil.

Vous remarquerez

- **La technique de la chanson**

→ Une chanson : quatre refrains, suivi du même couplet.

→ Les couplets : une seule rime, féminine, un deuxième vers non rimé, mais reprenant un son ou un groupe de sons fréquent dans la strophe (1re str. : « ou » ; 2e str. : « s » ; 3e str. : « v » ; 4e str. : « s »).

→ Une structure close : vers 1 et 22, le couplet.

- **L'archaïsme**

→ Archaïsme : le thème le plus traditionnel de l'élégie amoureuse.
→ Des tournures anciennes (« il m'en souvienne », « passent les jours »).
→ Le procédé de l'allégorie : le permanent (le pont), et le fugitif (le fleuve).

- **La modernité**

→ Absence de ponctuation.
→ Forme inédite de la strophe.
→ Choix d'un décor non traditionnel : le Pont Mirabeau, moderne, ne présente pas de caractère particulier.

Sous le pont Mirabeau coule la Seine
Et nos amours
Faut-il qu'il m'en souvienne
La joie venait toujours après la peine

Vienne la nuit sonne l'heure
Les jours s'en vont je demeure

Les mains dans les mains restons face à face
Tandis que sous
Le pont de nos bras passe
Des éternels regards l'onde si lasse

Vienne la nuit sonne l'heure
Les jours s'en vont je demeure

L'amour s'en va comme cette eau courante
L'amour s'en va
Comme la vie est lente
Et comme l'Espérance est violente

Vienne la nuit sonne l'heure
Les jours s'en vont je demeure

Passent les jours et passent les semaines
Ni temps passé
Ni les amours reviennent
Sous le pont Mirabeau coule la Seine

Vienne la nuit sonne l'heure
Les jours s'en vont je demeure

JEAN GIRAUDOUX

(1882-1944)

Vie de Jean Giraudoux

Une formation universitaire

■ Né à Bellac, dans le centre de la France, Jean Giraudoux est le fils d'un modeste percepteur. Brillant lycéen, reçu à l'École normale supérieure, il s'oriente vers le domaine germanique.

■ Après un échec à l'agrégation d'allemand, il devient lecteur de français à l'Université de Harvard tout en s'essayant à la littérature. En 1910, il est reçu au concours des Affaires étrangères.

De la guerre à la diplomatie

■ La guerre éclate. Giraudoux est blessé deux fois, décoré, envoyé comme instructeur au Portugal puis aux États-Unis. La paix revenue, il est promu au Quai d'Orsay, assumant la charge de chef du Service des œuvres françaises à l'étranger. Il dirige ensuite le Service de l'information.

■ Un de ses écrits contenant des traits satiriques par quoi des ministres se sentent visés, il tombe en disgrâce. Il y sera maintenu huit ans, disposant d'amples loisirs qu'il consacre à la littérature.

Un haut fonctionnaire

■ En 1934, il rentre en grâce et devient inspecteur général des postes diplomatiques et consulaires. Ses succès au théâtre expliquent qu'on lui propose, en 1936, de diriger la Comédie française : il décline l'offre.

■ En 1939, il est Commissaire à l'information. Après la débâcle de 1940, il prend, à cinquante-huit ans, sa retraite. Il meurt à soixante-deux ans.

Le romancier et le dramaturge

- De 1918 à 1938, il publie neuf romans d'une intelligence subtile et souriante. Il se consacre aussi avec succès au théâtre, réussissant aussi bien dans la fantaisie que dans les sujets graves.
- En une dizaine d'années, il écrit une dizaine de pièces, toutes mises en scènes par le grand comédien Louis Jouvet.

Œuvres de Jean Giraudoux

1921	*Suzanne et le Pacifique*, roman
1935	*la Guerre de Troie n'aura pas lieu*, théâtre
1937	*Électre*, théâtre
1939	*Ondine*, théâtre
1945	*la Folle de Chaillot*, théâtre (création posthume)

LA GUERRE DE TROIE N'AURA PAS LIEU

II, 13

- Dans *la Guerre de Troie n'aura pas lieu*, la guerre entre les Grecs et les Troyens provoquée par la beauté d'Hélène de Troie est prétexte à une réflexion sur l'absurdité des conflits armés. Alors que l'œuvre est publiée, en 1935, Hitler est au pouvoir depuis deux ans et la question peut se poser d'un nouveau conflit franco-allemand.
- Dans cette pièce, le spectateur assiste à un débat entre deux princes grecs, Hector, partisan de la paix et Ulysse, décidé à la guerre.

Vous remarquerez

- **Le goût des problèmes graves**

→ Giraudoux a connu le front lors de la Première Guerre mondiale. Diplomate, il pressent l'imminence d'un nouveau conflit. Il considère la guerre comme la plus grande folie des hommes et montre ici la recherche difficile et vaine de la paix.

→ À la fin de la pièce, la guerre de Troie aura lieu.

- **La fatalité**

→ L'origine de la catastrophe reste un mystère : « cette brutalité et (...) cette folie humaines qui seules rassurent les dieux ».

- **Le sujet sombre et le style brillant**

→ Traits spirituels, formules ironiques.

→ De nombreuses notations concrètes empêche la longue réplique d'Ulysse de tomber dans l'abstraction.

ULYSSE – Quand le destin, depuis des années, a surélevé deux peuples, quand il leur a ouvert le même avenir d'invention et d'omnipotence, quand il a fait de chacun, comme nous l'étions tout à l'heure sur la bascule, un poids précieux et différent pour peser le plaisir, la conscience et jusqu'à la nature, quand par leurs architectes, leurs poètes, leurs teinturiers, il leur a donné à chacun un royaume opposé de volumes, de sons et de nuances, quand il leur a fait inventer le toit en charpente troyen et la voûte thébaine, le rouge phrygien et l'indigo grec, l'univers sait bien qu'il n'entend pas préparer ainsi aux hommes deux chemins de couleur et d'épanouissement, mais se ménager son festival, le déchaînement de cette brutalité et de cette folie humaines qui seules rassurent les dieux. C'est de la petite politique, j'en conviens. Mais nous sommes chefs d'État, nous pouvons bien entre nous deux le dire : c'est couramment celle du Destin.

HECTOR – Et c'est Troie et c'est la Grèce qu'il a choisies cette fois ?

ULYSSE – Ce matin j'en doutais encore. J'ai posé le pied sur votre estacade, et j'en suis sûr.

HECTOR – Vous vous êtes senti sur un sol ennemi ?

ULYSSE – Pourquoi toujours revenir à ce mot ennemi ! Faut-il vous le redire ? Ce ne sont pas les ennemis naturels, qui se battent. Il est des peuples que tout désigne pour une guerre, leur peau, leur langue et leur odeur, ils se jalousent, ils se haïssent, ils ne peuvent pas se sentir... Ceux-là ne se battent jamais. Ceux qui se battent, ce sont ceux que le sort a lustrés et préparés pour une même guerre : ce sont les adversaires.

LOUIS-FERDINAND CÉLINE

(1894-1961)

Vie de Louis-Ferdinand Céline

Un héros de vingt ans

- Né dans un milieu modeste, Louis-Ferdinand Destouches (Céline était le prénom de sa mère) poursuit seul ses études secondaires.
- Engagé volontaire en 1914, à vingt ans, il fait preuve d'un grand courage. Grièvement blessé, démobilisé, il entre à la Faculté de médecine.

Le tour du monde et la banlieue

- Après le doctorat, il se détourne d'une carrière toute tracée, refuse un mariage bourgeois, parcourt l'Angleterre, l'Afrique, l'Amérique latine, y exerçant tous les métiers.
- De retour en France, le docteur Destouches ouvre un cabinet en banlieue parisienne pour y « soigner les pauvres. »

Du roman au pamphlet antisémite

- Cependant, en 1932 et 1936, il publie deux grands romans, *Voyage au bout de la nuit* et *Mort à crédit*, qui font sensation.
- Suivent, entre 1936 et 1941, une série de pamphlets d'une extrême violence, notamment antisémite. En 1944, Céline suit les nazis qui évacuent la France.
- Condamné par contumace, il séjourne au Danemark, d'abord en prison puis en résidence surveillée.

Amertume

- Amnistié, il rentre en France en 1951. Il s'installe à Meudon où il ouvre un cabinet médical. Il vit au milieu des chiens et des chats et travaille à ces livres avec acharnement.

■ En 1956, son œuvre commence à paraître en édition de poche : le grand public le redécouvre. Ses derniers ouvrages ont un caractère autobiographique : elles évoquent la période où il fuit la France libérée, entre juillet 1944 et mars 1945.

■ Il meurt à soixante-sept ans, un jour après avoir achevé la seconde version de *Rigodon*.

Œuvres principales de Céline

1932	*Voyage au bout de la nuit*, roman
1936	*Mort à crédit*, roman
1957	*D'un château l'autre*, récit autobiographique
1969	*Rigodon*, récit autobiographique (publication posthume)

VOYAGE AU BOUT DE LA NUIT

• Le narrateur est médecin dans la banlieue pauvre de Paris, à « La Garenne-Rancy » [Ce nom est imaginaire, mais il évoque des localités réelles : La Garenne-Bezons, La Garenne-Colombes, Drancy, etc.].

Vous remarquerez

• **Le témoignage**

→ Après trois phrases à l'imparfait, temps du récit, emploi du présent, temps du reportage et du témoignage (hormis « La Garenne-Rancy », les noms de lieux sont authentiques).

→ La troisième personne (« ils ») : regard extérieur, ironique.

→ La première personne du pluriel (« nous, on ») mêle le narrateur à la foule.

• **La cohérence des images**

→ Des perceptions associées : le liquide, le visqueux, le poisseux (transpiration), le « pisseux », le moisi.

→ La ville dévoreuse : le Minotaure, le gérant, le propriétaire, le patron.

- **Un désespoir cynique**

→ Trotsky, le théoricien marxiste, remarquait dans le livre l'absence d'« aspiration vers l'avenir » et la présence, au contraire, d'un « désespoir sincère qui se débat dans son propre cynisme. »

- **Le style de l'émotion**

→ « D'instinct, écrit Céline, je cherchais un autre langage qui aurait été chargé d'émotion immédiate, transmissible mot par mot, comme dans le langage parlé. »

→ Nombreux traits de la langue populaire des années 30.

→ Mais, avec ce matériau, un travail littéraire sur la métaphore (singularité des images, sonorités, rythme) : « ...de pleines bordées d'ahuris bringuebalant... du jus de fumée qui trempe la plaine... »

En banlieue, c'est surtout par les tramways que la vie vous arrive le matin. Il en passait des pleins paquets avec des pleines bordées d'ahuris bringuebalant, dès le petit jour, par le boulevard Minotaure, qui descendaient vers le boulot.

Les jeunes semblaient même comme contents de s'y rendre au boulot. Ils accéléraient le trafic, se cramponnaient aux marchepieds, ces mignons, en rigolant. Faut voir ça. Mais, quand on connaît depuis vingt ans la cabine téléphonique du bistrot, par exemple, si sale qu'on la prend toujours pour les chiottes, l'envie vous passe de plaisanter avec les choses sérieuses et avec Rancy en particulier. On se rend alors compte où qu'on vous a mis. Les maisons vous possèdent, toutes pisseuses qu'elles sont, plates façades, leur cœur est au propriétaire. Lui on le voit jamais. Il n'oserait pas se montrer. Il envoie son gérant, la vache. On dit pourtant dans le quartier qu'il est bien aimable le proprio quand on le rencontre. Ça n'engage à rien.

La lumière du ciel à Rancy, c'est la même qu'à Detroit(1), du jus de fumée qui trempe la plaine depuis Levallois. Un rebut de bâtisses

(1) Le narrateur a séjourné dans cette ville industrielle américaine.

tenues par des gadoues noires au sol. Les cheminées, des petites et des hautes, ça fait pareil de loin qu'au bord de la mer les gros piquets dans la vase. Là-dedans, c'est nous.
Faut avoir le courage des crabes aussi, à Rancy, surtout quand on prend de l'âge et qu'on est bien certain d'en sortir jamais plus. Au bout du tramway voici le pont poisseux qui se lance au-dessus de la Seine, ce gros égout qui montre tout. Au long des berges, le dimanche et la nuit les gens grimpent sur les tas pour faire pipi. Les hommes ça les rend méditatifs de se sentir devant l'eau qui passe. Ils urinent avec un sentiment d'éternité, comme les marins. Les femmes, ça ne médite jamais. Seine ou pas. Au matin donc le tramway emporte sa foule se faire comprimer dans le métro. On dirait à les voir tous s'enfuir de ce côté-là, qu'il leur est arrivé une catastrophe du côté d'Argenteuil, que c'est leur pays qui brûle. Après chaque aurore, ça les prend, ils s'accrochent par grappes aux portières, aux rambardes. Grande déroute. C'est pourtant qu'un patron qu'ils vont chercher dans Paris, celui qui vous sauve de crever de faim, ils ont énormément peur de le perdre, les lâches. Il vous la fait transpirer pourtant sa pitance. On en pue pendant dix ans, vingt ans et davantage. C'est pas donné.

PAUL ÉLUARD

(1895-1952)

Vie de Paul Éluard

■ Né à Saint-Denis, dans la banlieue parisienne, Paul Éluard doit abandonner ses études en raison d'une santé fragile. Il subit l'influence du surréalisme sans renoncer pour autant aux règles de la versification.

■ Son premier grand recueil, *Capitale de la douleur*, paraît en 1926. Après sa rupture avec André Breton, en 1934, il opte, dans son œuvre poétique, pour un art plus accessible.

■ Combattant antifasciste, militant communiste, il consacre une partie de son œuvre à ses convictions politiques. Il donnera après la guerre un recueil plus détaché des contingences historiques, *Poésie ininterrompue* (1946).

Œuvre de Paul Éluard

1926 *Capitale de la douleur*, poésie

CAPITALE DE LA DOULEUR

la Courbe de tes yeux…

• Ce recueil d'Éluard contient sans doute quelques-uns des exemples les plus achevés de littérature surréaliste. Ce recueil offre des poèmes en prose tout comme des poèmes en vers, dont voici un exemple.

Vous remarquerez

• **La souplesse du mètre**

→ Éluard choisit librement des mètres issus de la tradition :
Strophe 1 : 12/8/12/12/10, strophes 2 et 3 : vers de dix syllabes (décasyllabes).

• **La souplesse de la rime**

→ Des rimes traditionnelles (*cœur/douceur*), des assonances (*sûr/vécu/vu ; rosée/parfumés, astres/regards*), des vers sans rime (v. 10 et 11, 13 et 14).

• **Lyrisme amoureux et surréalisme cosmique**

→ Éluard traite un thème traditionnel de la poésie lyrique : intimisme, amour absolu.

→ À partir des yeux de la femme qu'il aime, le poète laisse libre cours à son imagination.

→ Le procédé traditionnel de la métaphore sert de cadre à la rêverie : le regard embrasse l'univers intérieur comme l'univers extérieur.

La courbe de tes yeux fait le tour de mon cœur,
Un rond de danse et de douceur,
Auréole du temps, berceau nocturne et sûr,
Et si je ne sais plus tout ce que j'ai vécu
C'est que tes yeux ne m'ont pas toujours vu.

Feuilles de jour et mousse de rosée,
Roseaux du vent, sourires parfumés,
Ailes couvrant le monde de lumière,
Bateaux chargés du ciel et de la mer,
Chasseurs des bruits et sources des couleurs,

Parfums éclos d'une couvée d'aurores
Qui gît toujours sur la paille des astres,
Comme le jour dépend de l'innocence
Le monde entier dépend de tes yeux purs
Et tout mon sang coule dans leurs regards.

LOUIS
ARAGON

(1897-1982)

Vie d'Aragon

Un père ambassadeur

■ Le père d'Aragon avait été député, Préfet de Police à Paris, puis ambassadeur à Madrid.

La médecine et le surréalisme

■ Élève brillant, Aragon fréquente dès sa vingtième année les milieux de l'avant-garde littéraire, entreprend des études de médecine et se lie avec un autre étudiant en médecine : André Breton. Tous deux fondent le surréalisme avec quelques autres artistes.

■ Aragon et Breton cependant, rompent en 1932. Ils avaient adhéré ensemble au Parti Communiste en 1927, auquel Aragon reste fidèle, à la différence de Breton.

L'écrivain communiste

■ Elsa Triolet, romancière de talent, avec qui il est lié depuis 1928, l'initie à la vieille tradition réaliste, désormais liée au socialisme.

■ Il fait avec elle plusieurs séjours en U.R.S.S., écrit dans le quotidien communiste *l'Humanité*. Il participe activement à la lutte antifasciste mais ne veut pas voir les crimes du stalinisme.

La résistance et l'après-guerre

■ Pendant l'occupation, il organise avec Elsa des réseaux de résistance et publie clandestinement des poèmes.

■ Après 1953, la découverte des crimes staliniens le trouble profondément mais n'affaiblit pas son attachement au Parti Communiste.

Le romancier et le poète

■ Après des textes d'inspiration surréalistes, les romans d'Aragon décrivent, avec un certain recul historique, la lutte des classes et la marche vers une révolution marxiste.

■ De même en poésie : après des poèmes dadaïstes et surréalistes, Aragon célèbre les conquêtes de la Révolution soviétique.

■ À l'époque de la Résistance, il adopte le vers régulier. Il poursuit son œuvre poétique après la guerre, s'inspirant de la tradition courtoise pour chanter son amour pour Elsa.

Œuvres d'Aragon

1926	*le Paysan de Paris*, roman
1934	*les Cloches de Bâle*, roman
1941	*le Crève-Cœur*, roman
1942	*les Yeux d'Elsa*, poèmes
1946	*la Diane française*, poèmes
1963	*le Fou d'Elsa*, poèmes

ELSA

• Un grand amour domine la vie et l'œuvre d'Aragon : celui qu'il éprouve pour Elsa Triolet, qui était la belle-sœur du grand poète russe Maïakovski. Elle a inspiré à Aragon une grande partie de son œuvre poétique.
• Nous empruntons cet extrait à un recueil intitulé *Elsa* et publié en 1959.

Vous remarquerez

• **Le langage poétique**
→ Des vers sans rime ni mètre régulier : vers libres.
→ Pourtant, plusieurs alexandrins isolés (v. 1, 7, 11, 12, 15).
→ Très nombreuses métaphores.

- **Le lyrisme courtois**

→ Le lyrisme est la poésie de l'émotion personnelle : première et deuxième personnes du singulier.

→ La poésie courtoise, depuis le Moyen Âge, idéalise l'amour et le transforme en absolu : la femme aimée forme tout l'univers du poète.

Je vais te dire un grand secret Le temps c'est toi
Le temps est femme Il a
Besoin qu'on le courtise et qu'on s'asseye
A ses pieds le temps comme une robe à défaire
Le temps comme une chevelure sans fin
Peignée
Un miroir que le souffle embue et désembue
Le temps c'est toi qui dors à l'aube où je m'éveille

[...]

Toi qui bats à ma tempe horloge
Et si tu ne respires pas j'étouffe
Et sur ma chair hésite et se pose ton pas

[...]

Je vais te dire un grand secret Je ne sais pas
Parler du temps qui te ressemble
Je ne sais pas parler de toi je fais semblant
Comme ceux très longtemps sur le quai d'une gare
Qui agitent la main après que les trains sont partis
Et le poignet s'éteint du poids nouveau des larmes

ANDRÉ MALRAUX

(1901-1976)

Vie d'André Malraux

Aventures en Extrême-Orient

■ Né à Paris, Malraux interrompt ses études à dix-huit ans, sans passer son baccalauréat. En 1923, en Indochine, il connaît la prison à la suite d'un vol de statues dans les temples khmers. Quatre ans plus tard, il retourne en Extrême-Orient, chargé d'une mission d'art par les éditions Gallimard.

■ En 1928, il publie un premier roman consacré à la situation politique en Chine, *les Conquérants*. Un deuxième roman, publié en 1930, *la Voie royale*, s'inspire de ses aventures indochinoises. Retour, dans un troisième roman aux événements de Chine dont il a été, pendant un bref séjour, le témoin : *La Condition humaine*, roman paru en 1933, obtient le prix Goncourt.

Le combat anti-fasciste

■ Militant antifasciste, il se rapproche, pour un temps, des communistes et s'engage, en 1936, aux côtés des républicains espagnols. De cet engagement, Malraux tire son roman *l'Espoir*, publié en 1937.

■ En 1944, il entre dans la Résistance contre l'Allemagne nazie. Il participe à la libération de la France à la tête de la Brigade Alsace-Lorraine.

Au Ministère de la culture

■ Après la guerre, il se consacre à des essais sur l'art et soutient le général de Gaulle, dont il est le ministre de l'information en 1945-1946.

■ De Gaulle, revenu au pouvoir, le nomme, en 1959, ministre des Affaires culturelles. Il occupe ce poste durant dix ans. Il meurt à soixante-quinze ans.

L'humanisme de Malraux

▪ Pour Malraux, l'œuvre constitue un témoignage sur la condition humaine : « Il se peut que l'un des plus hauts pouvoirs de l'art soit de donner conscience à des hommes de la grandeur qu'ils ignorent en eux ».

Œuvres de Malraux

1928	*les Conquérants*, roman
1930	*la Voie royale*, roman
1933	*la Condition humaine*, roman
1937	*l'Espoir*, roman
1943	*les Noyers de l'Altenburg*, récit autobiographique
1951	*les Voix du silence*, essai sur l'art
1967	*les Antimémoires*, mémoires

LA CONDITION HUMAINE

le train blindé

• *La Condition humaine* raconte un épisode de la lutte entre les différentes armées chinoises, en 1927. L'armée « nationaliste » de Chang-Kaï-Shek, provisoirement allié des communistes, entre dans Shanghai. La ville est défendue par des troupes dites « gouvernementales », sous les ordres d'un potentat local. Les gouvernementaux possèdent un train blindé servi par des « Russes blancs », anciens officiers et soldats tsaristes qui continuent le combat anticommuniste hors de leur patrie.

• Mais le train est bloqué sur la voie coupée, et ses occupants seront bientôt à court de munitions. Katow, russe qui lutte aux côtés des ouvriers chinois, a trouvé un refuge provisoire dans la boutique d'un horloger avec deux compagnons. Ils assistent à l'agonie du train.

Vous remarquerez

- **Une vision dramatisée par le point de vue**
  → Le train blindé vu de l'extérieur par Katow. Il partage l'angoisse de ses occupants, bien qu'il fasse partie du camp adverse.
- **Une vision dramatisée par les images**
  → Le train personnifié : « agonie », « transe furieuse », « frénésie ».
  → Le train métamorphosé : « sous-marin », « armure », « camisole de force ».
- **Une vision dramatisée par l'imminence de la mort**
  → Une allégorie : la voix même de la mort.
  → Une interrogation philosophique : mourir dignement ou bien « se jeter les uns sur les autres », « mortelle saoulerie » ?

Un vacarme formidable les surprit tous trois : par chaque pièce, chaque mitrailleuse, chaque fusil, le train tirait. Katow avait fait partie d'un des trains blindés de Sibérie ; son imagination lui faisait suivre l'agonie de celui-ci. Les officiers avaient commandé le feu à volonté. Que pouvaient-ils faire dans leurs tourelles, le téléphone d'une main, le revolver de l'autre ? Chaque soldat devinait sans doute ce qu'était ce martèlement. Se préparaient-ils à mourir ensemble, ou à se jeter les uns sur les autres, dans cet énorme sous-marin qui ne remonterait jamais ?

Le train même entrait dans une transe furieuse. Tirant toujours de partout, ébranlé par sa frénésie même, il semblait vouloir s'arracher de ses rails, comme si la rage désespérée des hommes qu'il abritait eût passé dans cette armure prisonnière et qui se débattait elle aussi. Ce qui, dans ce déchaînement, fascinait Katow, ce n'était pas la mortelle saoulerie dans laquelle sombraient les hommes du train, c'était le frémissement des rails qui maintenaient tous ces hurlements ainsi qu'une camisole de force : il fit un geste du bras en avant, pour se prouver que lui n'était pas paralysé.

Trente secondes, le fracas cessa. Au-dessus de l'ébranlement sourd des pas et du tic-tac de toutes les horloges de la boutique, s'établit un grondement de lourde ferraille : l'artillerie de l'armée révolutionnaire.

Derrière chaque blindage, un homme du train écoutait ce bruit comme la voix même de la mort.

JEAN-PAUL SARTRE

(1905-1980)

Vie de Jean-Paul Sartre

Un fils de la bourgeoisie

- Jean-Paul Sartre naît dans un milieu bourgeois. Orphelin de père, il est élevé, à Paris, par sa mère et son grand-père. Très jeune, les livres lui sont familiers.

- Reçu à l'agrégation de philosophie en 1929, il se lie avec une jeune et brillante collègue, Simone de Beauvoir.

Les années de guerre

- Il enseigne alors la philosophie, activité interrompue par la guerre, est fait prisonnier, puis libéré grâce à un subterfuge. Il participe ensuite à la constitution d'un réseau de résistance tout en reprenant son poste de professeur.

- Il quitte l'enseignement en 1945 pour se consacrer entièrement à son activité littéraire, philosophique et politique.

La vie militante

- À la Libération, il fonde une revue, *les Temps Modernes*. Il dirigera ensuite des journaux, de gauche et d'extrême gauche, *Libération* et *la Cause du peuple*. Il milite pour l'indépendance de l'Algérie et refuse le prix Nobel en 1964.

- Il meurt à soixante-quinze ans, presque aveugle.

L'existentialisme de Sartre

■ Pour Jean-Paul Sartre, l'homme est ce qu'il se fait ; il ne se définit pas par une « essence » abstraite ou surnaturelle : il n'y a pas d'« âme », il n'y a pas de Dieu. Il n'y a que l'homme et la façon dont il use de sa liberté.

■ Cette liberté n'est pas totale : les autres hommes, par leur présence même et leur regard qui juge, limitent la liberté de chacun d'entre eux. De plus, chacun est, à tout instant, obligé de choisir, car chacun n'existe que dans une situation donnée : ainsi la liberté (de choisir) est inséparable de la responsabilité (des choix faits à chaque instant).

■ L'homme est donc « engagé », qu'il le veuille ou non et la conscience d'autrui juge ses actes. Invoquer de bonnes intentions est pure « mauvaise foi » : nous avons fait ce que nous avons fait.

Œuvres de Jean-Paul Sartre

1938	*la Nausée*, roman
1939	*le Mur*, recueil de récits
1943	*l'Être et le Néant*, philosophie
1944	*les Mouches*, théâtre ; *Huis Clos*, théâtre
1946	*l'Existentialisme est un humanisme*, essai philosophique
1948	*les Mains sales*, théâtre
1963	*les Mots*, récit autobiographique
1971	*l'Idiot de la famille*, essai sur Flaubert

HUIS CLOS

scène V

• Trois personnages, morts, sont enfermés pour toujours dans un salon sans caractère : Garcin, le lâche, qui se prenait pour un héros, Estelle l'infanticide, Inès, l'homosexuelle qui a « besoin de la souffrance des autres pour subsister ». Ils se torturent mutuellement.

Vous remarquerez

- **La philosophie dramatisée**
  → Dialogue au rythme varié.
  → Abondance de « formules » où l'existentialisme tient en quelques mots frappants.

- **L'imagination scénique**
  → Indications de gestes et de mouvements, occupation de l'espace, texte violent mais sans familiarité, très riche de possibilités pour les comédiens.

- **Le « classicisme »**
  → Une esthétique classique : un théâtre de la parole, « unité de lieu », cruauté psychologique, lucidité. Parenté avec l'art de Racine.

GARCIN – Je suis mort trop tôt. On ne m'a pas laissé le temps de faire *mes* actes.

INÈS – On meurt toujours trop tôt – ou trop tard. Et cependant la vie est là, terminée ; le trait est tiré, il faut faire la somme. Tu n'es rien d'autre que ta vie.

GARCIN – Vipère ! Tu as réponse à tout.

INÈS – Allons ! allons ! Ne perds pas courage. Il doit t'être facile de me persuader. Cherche des arguments, fais un effort. (*Garcin hausse les épaules.*) Eh bien, eh bien ? Je t'avais dit que tu étais vulnérable. Ah ! Comme tu vas payer à présent. Tu es un lâche, Garcin, un lâche parce que je le veux ! Et pourtant, vois comme je suis faible, un souffle ; je ne suis rien que le regard qui te voit, que cette pensée incolore qui te pense. (*Il marche sur elle, les mains ouvertes.*) Ha ! Elles s'ouvrent, ces grosses mains d'homme. Mais qu'espères-tu ? On n'attrape pas les pensées avec les mains. Allons, tu n'as pas le choix : il faut me convaincre. Je te tiens.

ESTELLE – Garcin !

GARCIN – Quoi ?

ESTELLE – Venge-toi.

GARCIN – Comment ?

ESTELLE – Embrasse-moi, tu l'entendras chanter.

GARCIN – C'est pourtant vrai, Inès. Tu me tiens, mais je te tiens aussi. *[...]*

INÈS – Garcin le lâche tient dans ses bras Estelle l'infanticide. Les paris sont ouverts. Garcin le lâche l'embrassera-t-il ? Je vous vois, je vous vois ; à moi seule je suis une foule, la foule, Garcin, la foule, l'entends-tu ? *[...]*

GARCIN – Il ne fera donc jamais nuit ?

INÈS – Jamais.

GARCIN – Tu me verras toujours ?

INÈS – Toujours. *[...]*

Garcin – *[...]* Alors c'est ça l'enfer. Je n'aurais jamais cru... Vous vous rappelez : le soufre, le bûcher, le gril... Ah ! quelle plaisanterie. Pas besoin de gril, l'enfer, c'est les autres.

SAMUEL BECKETT

(1906-1989)

Vie de Samuel Beckett

Une enfance irlandaise

- Samuel Beckett naît à Dublin dans la petite bourgeoisie protestante. Bon élève et calme, il se sent « peu doué pour le bonheur ».
- Il quitte l'Irlande et devient, à vingt-deux ans, lecteur d'anglais à l'École normale supérieure, à Paris.

L'ami de James Joyce

- En France, il se lie d'amitié avec le romancier James Joyce, irlandais comme lui. L'œuvre très originale de Joyce – qui pratique une forme extrême de « monologue intérieur » – aura une influence décisive sur le jeune homme.

L'écriture

- De retour à Dublin, il ne parvient pas à s'y fixer, retourne en France, puis en Allemagne. Établi pour un temps à Londres, il y vit dans la misère mais commence à y écrire, d'abord en anglais, puis en français.
- En 1942, Beckett, installé de nouveau en France, échappe de justesse à la Gestapo et s'installe dans le Vaucluse.
- Sa carrière littéraire s'épanouit après la guerre. Il devient alors l'un des écrivains les plus en vue du nouveau théâtre et du nouveau roman.

Œuvres de Samuel Beckett

1938 *Murphy*, roman

1951 *Molloy*, roman

1951 *Malone meurt*, roman

1952 *En Attendant Godot*, théâtre
1963 *Oh les beaux jours !*, théâtre

EN ATTENDANT GODOT

II

• Dans un décor vide, deux clochards discutent en attendant un certain Godot. Lucky, une sorte de clown sadique et son esclave Pozzo créent une diversion transitoire. Mais aucune intrigue ne se noue.
• L'œuvre scénique de Beckett relève, selon la critique, du « théâtre de l'absurde », comme celle d'Eugène Ionesco. Les écrits d'Albert Camus ont rendu familière la notion d'absurdité : l'homme, dont la seule certitude est la mort, est condamné sans appel. Il doit pourtant chercher le bonheur dans la soumission ou dans la révolte.
• Vladimir et Estragon font le guet, attendant Godot.

Vous remarquerez

• **Le langage théâtral**
→ Répliques courtes, entrecoupées de silences et de gestes.

• **Les sentiments**
→ Discontinuité psychologique.
→ Des personnages sans mémoire éprouvent des sentiments instantanés et éphémères.

• **Une représentation de la condition humaine**
→ Anouilh, admirateur de Beckett, définit la pièce comme « les *Pensées* de Pascal mises en sketches et jouées par les Fratellini[1] ».
→ Les deux personnages échappent peut-être au désespoir parce qu'ils échappent à la solitude.

1. Nom d'une dynastie de clowns.

ESTRAGON – [...] Tu ne vois rien venir ?
VLADIMIR *(se retournant)* – Comment ?
ESTRAGON *(plus fort)* – Tu ne vois rien venir ?
VALDIMIR – Non.
ESTRAGON – Moi non plus.
Ils reprennent le guet. Long silence.
VLADIMIR – Tu as dû te tromper.
ESTRAGON *(se retournant)* – Comment ?
VLADIMIR *(plus fort)* – Tu as dû te tromper.
ESTRAGON – Ne crie pas.
Ils reprennent le guet. Long silence.
VLADIMIR, ESTRAGON *(se retournant simultanément)* – Est-ce...
VLADIMIR – Oh pardon !
ESTRAGON – Je t'écoute.
VLADIMIR – Mais non !
ESTRAGON – Mais si !
VLADIMIR – Je t'ai coupé.
ESTRAGON – Au contraire.
Ils se regardent avec colère.
VLADIMIR – Voyons, pas de cérémonie.
ESTRAGON – Ne sois pas têtu, voyons.
VLADIMIR *(avec force)* – Achève ta phrase, je te dis.
ESTRAGON *(de même)* – Achève la tienne.
Silence. Ils vont l'un vers l'autre, s'arrêtent.
VLADIMIR – Misérable !
ESTRAGON – C'est ça, engueulons-nous. *(Échange d'injures. Silence.)* Maintenant racommodons-nous.
VLADIMIR – Gogo !
ESTRAGON – Didi !
VLADIMIR – Ta main !
ESTRAGON – La voilà !
VLADIMIR – Viens dans mes bras !
ESTRAGON – Tes bras ?
VLADIMIR *(ouvrant les bras)* – Là-dedans !
ESTRAGON – Allons-y.
Ils s'embrassent. Silence.
VLADIMIR – Comme le temps passe quand on s'amuse !
Silence.

SIMONE DE BEAUVOIR

(1908-1986)

Vie de Simone de Beauvoir

Une jeune bourgeoise émancipée

■ Simone de Beauvoir naît à Paris, d'un père « à mi-chemin entre l'aristocrate et le bourgeois » et d'une mère fervente catholique. De grandes facilités, et une vie studieuse font d'elle, à vingt ans, une agrégée de philosophie.

La rencontre de Sartre

■ En 1929, elle se lie avec Sartre, se sentant, pour la première fois *intellectuellement dominée.*

■ Une liaison de Sartre avec une jeune rouennaise lui inspire son premier roman, *l'Invitée.*

La construction d'une œuvre

■ Pendant l'occupation allemande, elle accueille chez elle le groupe de résistants qu'anime Sartre. À partir de la libération, le couple Sartre-Beauvoir connaît la célébrité.

■ Simone de Beauvoir partage alors son temps entre le cercle des amis (notamment Camus et Vian), les voyages et son œuvre : romans (dont *le Sang des autres*, 1945 et *les Mandarins*, 1954, prix Goncourt) ; essais (notamment *le Deuxième sexe*, 1948). Elle consacre aussi un récit à la mort de sa mère (*Une mort très douce*, 1964), que Sartre considérait comme son chef-d'œuvre.

Militer et écrire

■ Le couple Sartre-Beauvoir, se situant politiquement à gauche, milite pour l'indépendance de l'Algérie, contre la torture. En même temps, Simone de Beauvoir entreprend une vaste autobiographie dont le premier volume paraît en 1958.

▪ Elle écrira un autre texte pour évoquer la mort de son compagnon : *Cérémonie des adieux, 1981*. Après la disparition de Sartre, elle vit retirée et s'éteint à soixante-dix-huit ans.

Œuvres de Simone de Beauvoir

1943 *l'Invitée*, roman
1945 *le Sang des autres*, roman
1948 *le Deuxième Sexe*, essai
1954 *les Mandarins*, roman
1958 *les Mémoires d'une jeune fille rangée*, autobiographie
1960 *la Force de l'âge*, autobiographie
1963 *la Force des choses*, autobiographie
1964 *Une Mort très douce*, récit
1972 *Tout compte fait*, autobiographie
1981 *Cérémonie des adieux*, récit

LE DEUXIÈME SEXE

II, 4

• Dans l'essai intitulé *le Deuxième Sexe,* Simone de Beauvoir conteste l'existence d'une nature féminine. Si la femme est encore souvent *l'objet* pour l'homme, c'est que l'homme lui a imposé de répondre à des mythes masculins et qu'on a répété à la femme quelle était *faite pour* certaines tâches proprement féminines. Dans cette mystification, la femme est souvent la complice de l'homme.

Vous remarquerez

• **La nature du rapport homme-femme**
→ L'auteur assimile le rapport homme-femme au rapport capitaliste-ouvrier ou au rapport colonisateur-colonisé.

- **<u>Un idéal de liberté</u>**

→ Derrière la revendication de l'égalité entre les hommes et les femmes, le texte défend une valeur plus générale, celle de la liberté.

- **<u>L'ironie et la lucidité</u>**

→ Le texte ironise sur les hommes, visant non des individus, mais des usages sociaux au sens le plus large : le système économique, l'image du mâle dominateur.

Tels les pouilleux insouciants qui grattent allègrement leur vermine, la femme jouit de cet incomparable privilège : l'irresponsabilité. Sans peine, sans charge, sans souci, elle a manifestement « la meilleure part ». Ce qui est troublant c'est que par une perversité entêté – liée sans doute au péché originel – à travers siècles et pays, les gens qui ont la meilleure part crient toujours à leurs bienfaiteurs : C'est trop ! Je me contenterai de la vôtre ! Mais les capitalistes magnifiques, les généreux colons, les mâles superbes s'entêtent : Gardez la meilleure part, gardez-là !
Le fait est que les hommes rencontrent chez leur compagne plus de complicité que l'oppresseur n'en trouve habituellement chez l'opprimé ; et ils s'en autorisent avec mauvaise foi pour déclarer qu'elle a *voulu* la destinée qu'ils lui ont imposée. On a vu qu'en vérité toute son éducation conspire à lui barrer les chemins de la révolte et de l'aventure ; la société entière – à commencer par ses parents respectés – lui ment en exaltant la haute valeur de l'amour, du dévouement, du don de soi et en lui dissimulant que ni l'amant, ni le mari, ni les enfants ne seront disposés à en supporter la charge encombrante.

JEAN ANOUILH

(1910-1987)

Vie de Jean Anouilh

La vocation théâtrale

- Jean Anouilh est né à Bordeaux. Son père était tailleur, sa mère violoniste à l'orchestre du casino.
- Après des études de droit, il commence une carrière dans la publicité puis il devient le secrétaire du grand comédien Louis Jouvet.

Début de carrière

- À vingt-cinq ans, Anouilh décide de se consacrer entièrement à sa vocation de dramaturge.
- Son premier grand succès à la scène est *le Voyageur sans bagage*, représenté en 1937. Dès lors, Anouilh donne presque chaque année une nouvelle pièce pour la scène parisienne.

L'occupation et l'après-guerre

- Pendant l'occupation, il rencontre, en 1943, un succès particulier avec *Antigone*, où les spectateurs lisent des allusions à l'actualité.
- L'après-guerre marque l'apogée de la carrière dramatique de Jean Anouilh. Plusieurs pièces consacrées à des sujets historiques sont portées à l'écran aux États-Unis.

Le dernier Anouilh

- Dans les années cinquante, son théâtre commence à perdre la faveur des critiques et du public : la mode est au *nouveau théâtre*, celui de Beckett et de Ionesco. Pendant quelques années, Anouilh cesse d'écrire puis revient au théâtre avec des pièces teintées de nostalgie et d'orientation conservatrice comme *la Culotte* (1978), qui traite de la libération de la femme. Il se consacre aussi à la mise en scène de ses propres pièces et de celles d'autres dramaturges.

■ Jean Anouilh est également l'auteur de fables à la manière de La Fontaine.

Principales œuvres dramatiques

1937 *le Voyageur sans bagages*

1942 *Euridyce*

1946 *Antigone*

1959 *Becket*

ANTIGONE

• *Antigone* s'inspire d'une tragédie de l'Antiquité grecque, l'*Antigone* de Sophocle.
• Créon, qui règne sur Thèbes, a menacé de mort quiconque tenterait de rendre les honneurs funèbres à son neveu Polynice, tué en tentant de prendre le pouvoir. La sœur de Polynice, Antigone, a essayé d'enfreindre cet ordre.
• Pourtant Créon préférerait ne pas la punir : comme personne ne l'a vue, il lui suffirait de faire disparaître les gardes qui ont constaté l'infraction. Mais Antigone s'obstine et veut enterrer son frère. Créon lui explique alors que son ordre est conforme au bien de la cité et que son frère était un fêtard dur et sot, qui avait même frappé son père Oedipe.
• Antigone renonce alors. Mais Créon ajoute, maladroitement, qu'elle trouvera le bonheur avec son fiancé Hémon. Antigone se révolte à nouveau : elle ne veut pas être heureuse ni même vivre ; elle recherche l'absolu. Créon devra finalement se résoudre à la faire enterrer vivante.

Vous remarquerez

- **Le langage théâtral**
  - → Un théâtre *de texte* : les mots l'emportent sur le spectacle.
  - → Une langue parlée (« Je ne veux pas être modeste, moi... ») et pourtant littéraire (la comparaison suivie : *os–chien*).
- **La recherche de la pureté**
  - → Antigone découvre que sa piété à l'égard de son frère n'est qu'un masque, cachant un refus de trouver un compromis avec la vie et ses nécessaires lâchetés.

ANTIGONE – S'il doit apprendre à dire « oui », lui aussi, alors je n'aime plus Hémon !

CRÉON – Tu ne sais plus ce que tu dis. Tais-toi.

ANTIGONE – Si, je sais ce que je dis, mais c'est vous qui ne m'entendez plus. Je vous parle de trop loin maintenant, d'un royaume où vous ne pouvez plus entrer avec vos rides, votre sagesse, votre ventre. *(Elle rit.)* Ah ! Je ris, Créon, je ris parce que je te vois à quinze ans, tout d'un coup ! C'est le même air d'impuissance et de croire qu'on peut tout. La vie t'a seulement ajouté tous ces petits plis sur le visage et cette graisse autour de toi.

CRÉON *la secoue* – Te tairas-tu, enfin ?

ANTIGONE – Pourquoi veux-tu me faire taire ? Parce que tu sais que j'ai raison ? Tu crois que je ne lis pas dans tes yeux que tu le sais ? Tu sais que j'ai raison, mais tu ne l'avoueras jamais parce que tu es en train de défendre ton bonheur en ce moment comme un os.

CRÉON – Le tien et le mien, oui, imbécile !

ANTIGONE – Vous me dégoûtez tous avec votre bonheur ! Avec votre vie qu'il faut aimer coûte que coûte. On dirait des chiens qui lèchent tout ce qu'ils trouvent. Et cette petite chance pour tous les jours, si on n'est pas trop exigeant. Moi, je veux tout, tout de suite, – et que ce soit entier – ou alors je refuse ! Je ne veux pas être modeste, moi, et me contenter d'un petit morceau si j'ai été bien sage. Je veux être sûre de tout aujourd'hui et que cela soit aussi beau que quand j'étais petite – ou mourir.

EUGÈNE IONESCO

(1912-1994)

Vie d'Eugène Ionesco

La Roumanie et la France

- Eugène Ionesco naît en Roumanie d'un père roumain et d'une mère française. La famille s'installe en France quelques mois après sa naissance. Sa première langue est le français.
- À quatorze ans, il est de retour à Bucarest. À vingt-deux ans, il y devient professeur de français. De retour en France en 1938, marié, il prépare une thèse de littérature française.
- Jusqu'en 1950, il vit modestement comme correcteur dans une maison d'éditions juridiques.

Une grande carrière théâtrale

- En 1950, sa première pièce, *la Cantatrice chauve*, est représentée à Paris. Il se lie avec André Breton, le cinéaste Luis Buñuel.
- Depuis lors, commence une production dramatique dont le succès ne se dément pas. *La Cantatrice chauve* et *la Leçon* seront jouées sans interruption pendant trente ans.
- Ionesco est élu à l'Académie française en 1970.

Un « nouveau théâtre »

- Dans le théâtre de Ionesco, tout réalisme est banni. Ionesco nomme sa première œuvre dramatique *antipièce*. Il détruit le langage théâtral dans tout ce qu'il peut avoir de rhétorique. Les dialogues se réduisent à des bribes, du rabâchage, des onomatopées. Il cesse d'être un outil de communication.
- Ionesco use de ce nouveau langage pour traduire les thèmes qui disent l'absurdité de la vie humaine : le vieillissement, la mort, la peur.

Œuvres d'Eugène Ionesco

1950 *la Cantatrice chauve*

1951 *la Leçon*

1952 *les Chaises*

1954 *Amédée ou Comment s'en débarrasser*

1960 *Rhinocéros*

1962 *le Roi se meurt*

LE ROI SE MEURT

• Dans un royaume sans limites précises, le roi se rend compte qu'il va mourir. Plus sa mort approche, plus son royaume se dégrade et se rétrécit. Pris d'un désespoir puéril, le roi finit par se résigner.
• Voici le passage où, en présence de ses deux épouses, Marguerite et Marie, il vient de comprendre que sa fin est proche.

Vous remarquerez

• **La mort comme *littérature*, comme *théâtre***
→ « On ne peut trouver de solution à l'insoutenable, écrit Ionesco, et seul ce qui est insoutenable est profondément tragique, profondément comique, essentiellement théâtre. »

• **La variété des registres**
→ Véhémence, gémissements, prière, interrogation.

• **L'entourage ironique du roi**
→ Pour le médecin, la littérature est un symptôme de la maladie du Roi.
→ Caractère burlesque de l'annonce du garde.

LE ROI – Ils sont tous des étrangers. Je croyais qu'ils étaient ma famille. J'ai peur, je m'enfonce, je m'engloutis je ne sais plus rien, je n'ai pas été. Je meurs.

MARGUERITE – C'est cela la littérature.

LE MÉDECIN – On en fait jusqu'au dernier moment. Tant qu'on est vivant, tout est prétexte à la littérature.

MARIE – Si cela pouvait le soulager.

LE GARDE, *annonçant* – La littérature soulage un peu le Roi !

LE ROI – Non, non. Je sais, rien ne me soulage. Elle me remplit, elle me vide. Ah, la, la, la, la, la, la, la. *(Lamentations. Puis, sans déclamation, comme s'il gémissait doucement.)* Vous tous, innombrables, qui êtes morts avant moi, aidez-moi. Dites-moi comment vous avez fait pour mourir, pour accepter. Apprenez-le-moi. Que votre exemple me console, que je m'appuie sur vous comme sur des béquilles, comme sur des bras fraternels. Aidez-moi à franchir la porte que vous avez franchie. Revenez de ce côté-ci un instant pour me secourir. Aidez-moi, vous, qui avez eu peur et n'avez pas voulu. Comment cela s'est-il passé ? Qui vous a soutenus ? Qui vous a entraînés, qui vous a poussés ? Avez-vous eu peur jusqu'à la fin ? Et vous, qui étiez forts, courageux, qui avez consenti à mourir avec indifférence et sérénité, apprenez-moi l'indifférence, apprenez-moi la sérénité, apprenez-moi la résignation.

ALBERT CAMUS

(1913-1960)

Vie d'Albert Camus

Une jeunesse algéroise

■ Camus naît en Algérie d'un père ouvrier agricole, tué pendant la guerre de 1914-1918. Il est élevé par sa mère dans un quartier populaire d'Alger.

■ Bachelier, il finance ses études de philosophie en occupant divers emplois de bureau. La tuberculose l'empêche de passer l'agrégation. Dans sa jeunesse algéroise, il fonde une troupe de théâtre, monte la tragédie grecque, des adaptations de Malraux et de Dostoïevski.

Les combats

■ Devenu journaliste à Alger puis à Paris, il cherche à s'engager en 1940, mais sa santé le fait renoncer. Il occupe ensuite une place importante dans la Résistance et commence à publier des textes littéraires et philosophiques. À la Libération, il devient rédacteur en chef du journal *Combat*. Il lutte pour la paix, contre la peine de mort, contre la pauvreté.

■ Il reçoit le prix Nobel de littérature en 1957. Il est tué, à quarante-sept ans, dans un accident de la route.

La pensée de Camus

■ Camus a subi l'influence de certains philosophes et de romancier comme Dostoïevski et Kafka, qui montrent les aspects tragiques de la condition humaine.

■ Ses souffrances personnelles et une actualité dramatique achèvent de le convaincre que le monde est plongé dans l'absurdité. Un roman comme *l'Étranger*, un essai comme *le Mythe de Sisyphe* traduisent cette conviction.

■ D'autres œuvres, plus tardives, définissent une sagesse généreuse qui triomphe du désespoir. C'est le cas d'un roman comme *la Peste* et d'un essai comme *l'Homme révolté*. Ce dernier livre l'entraîne dans une violente polémique avec Sartre, qui lui reproche de s'en tenir à un humanisme qui esquive la nécessité d'un engagement révolutionnaire.

■ Les dernières œuvres de Camus, comme les nouvelles de *l'Exil et le Royaume*, marquent, chez l'auteur, un douloureux retour sur soi.

Œuvres d'Albert Camus

1942	*le Mythe de Sisyphe*, essai philosophique ; *l'Étranger*, roman
1947	*la Peste*, roman
1949	*les Justes*, théâtre
1951	*l'Homme révolté*, essai philosophique
1956	*la Chute*, récit
1958	*l'Exil et le royaume*, nouvelles

L'ÉTRANGER

- *L'étranger* raconte, du point de vue du coupable, un assassinat sans motif.
- Le thème central du roman est le sentiment de l'absurde. Il s'agit d'un divorce entre l'homme et le monde, et le refus de toute espérance. Tout est indifférent à l'homme saisi par ce sentiment.
- Le héros, Meursault est employé dans un bureau, à Alger. Il vient de décliner l'offre d'aller travailler à Paris : il ne voit pas de raison de changer de vie. Sa maîtresse est venue le chercher à son travail.

Vous remarquerez

- **La perspective unique**

→ Récit à la 1re personne. Toute la matière romanesque passe par le point de vue de Meursault.

- **Le sentiment de l'absurde**

→ Meursault semble ne ressentir aucune émotion : ni gaîté, ni tristesse, ni haine, ni amour, ni désir, ni dégoût.
→ Cette indifférence généralisée définit le sentiment de l'absurde.

- **Une caricature de dialogue amoureux**

→ Pour Meursault, l'amour est dépourvu de signification. Pour Marie (dont Meursault rapporte les paroles), il est une énigme, peut-être éphémère.
→ Pour le romancier, il est clair que l'amour ne fait pas obstacle au sentiment de l'absurde.

- **Le style de l'indifférence**

→ Phrases sans recherches d'élégance (dans la concision, dans le rythme), ni embellissements (pas d'éloquence, pas d'images).
→ Vocabulaire élémentaire.
→ Le passé composé domine : temps dépourvu de valeur affective.

Le soir, Marie est venue me chercher et m'a demandé si je voulais me marier avec elle. J'ai dit que cela m'était égal et que nous pourrions le faire si elle le voulait. Elle a voulu savoir si je l'aimais. J'ai répondu comme je l'avais déjà fait une fois, que cela ne signifiait rien mais que sans doute je ne l'aimais pas. « Pourquoi m'épouser alors ? » a-t-elle dit. Je lui ai expliqué que cela n'avait aucune importance et que si elle le désirait, nous pouvions nous marier. D'ailleurs, c'était elle qui le demandait et moi je me contentais de dire oui. Elle a observé alors que le mariage était une chose grave. J'ai répondu : « Non. » Elle s'est tue un moment et elle m'a regardé en silence. Puis elle a parlé. Elle voulait simplement savoir si j'aurais accepté la même proposition venant d'une autre femme, à qui je serais attaché de la même façon. J'ai dit : « Naturellement ». Elle s'est demandé alors si elle m'aimait et moi, je ne pouvais rien savoir sur ce point. Après un autre moment de silence, elle a murmuré que j'étais bizarre, qu'elle m'aimait sans doute à cause de cela mais que peut-être un jour je la dégoûterais pour les mêmes raisons. Comme je me taisais, n'ayant rien à ajouter, elle m'a pris le bras en souriant et elle a déclaré qu'elle voulait se marier avec moi. J'ai répondu que nous le ferions dès qu'elle le voudrait.

MARGUERITE DURAS

(1914-1996)

Vie de Marguerite Duras

Une enfance indochinoise

- Née en Indochine française (l'actuel Vietnam), Marguerite Duras y passe toute sa jeunesse dans une famille assez modeste. À l'âge de quatre ans, elle perd son père. Sa mère institutrice, complète ses revenus en jouant du piano dans un cinéma. Elle est très proche du peuple vietnamien, dont elle parle la langue.

- La famille (Marguerite a deux frères) s'installe au Cambodge pour exploiter une terre qui s'avère inondable. Marguerite Duras tirera de cette mésaventure un récit : *Un barrage contre le Pacifique.*

Une jeunesse parisienne

- À dix-huit ans, elle entame, à Paris, des études de droit, de mathématiques et de sciences politiques et sera membre, quelque temps, du Parti Communiste Français.

De la littérature au cinéma

- Sa vie, à partir de 1942, se confond avec la littérature. Plusieurs de ses romans sont portés à l'écran, dont *le Marin de Gibraltar, Moderato Cantabile* et surtout *Hiroshima mon amour*, tourné par Alain Resnais, et qui triomphe au Festival de Cannes en 1960.

- Dans les années qui suivent, elle publie des textes de fiction dont le décor est l'Inde : *le Vice Consul, la Femme du Gange, India Song* (porté à l'écran avec un grand succès).

- En 1984, elle remporte le Prix Goncourt avec *l'Amant*.

Une manière personnelle

▪ Marguerite Duras compose pour le cinéma et le théâtre en même temps qu'elle écrit des pages destinées à la lecture. *Des Journées entières sous les arbres*, sa pièce la plus célèbre est un texte qui se suffit à lui-même.

Œuvres de Marguerite Duras

1950	*Un barrage contre le pacifique*
1954	*Des journées entières sous les arbres*
1958	*Moderato Cantabile*
1959	*Hiroshima, mon amour*
1984	*l'Amant*

MODERATO CANTABILE[1]

• L'esthétique de cette œuvre est proche de celle du Nouveau Roman[2] (dont Marguerite Duras ne s'est jamais réclamée). Hostile à l'analyse psychologique, la romancière montre des personnages qui avancent dans l'existence *sans savoir pourquoi*. Leurs propos, quotidiens, fragmentaires, laissent deviner des dessous mystérieux qui ne sont jamais expliqués. Ils semblent attendre, anxieusement et passivement un lendemain oscillant entre incertitude et fatalitisme.

• Le titre du roman, *Moderato cantabile*, désigne le mouvement d'une sonate que joue le fils d'Anne Desbaresdes pendant sa leçon de piano. Un jour, pendant la leçon, on entend un cri en bas de l'immeuble : une femme vient d'être tuée, dans un café, par son amant. Anne, fascinée, voit le criminel embrasser la morte. Pendant une semaine, elle revient dans le café, parle avec un homme de sa connaissance du crime, de sa propre maison, rêve avec lui d'un amour entre eux qui se résumera en un baiser.

• Nous citons un fragment d'une des rencontres au café.

1. « Sur un rythme modéré et chantant ».
2. Voir p. 189.

Vous remarquerez

- **L'objectivité**
  - → Le narrateur rapporte des faits et gestes, des paroles et des bribes d'émotion.
  - → Il n'analyse pas les personnages, ne les juge pas, maintient les lacunes de ce qu'ils disent de leur vie et de leurs sentiments.
- **La difficulté de s'exprimer**
  - → Les personnages se répètent, s'interrompent, hésitent. Ils semblent tourner autour d'une vérité qu'ils ne parviennent pas à formuler.
  - → L'art de la romancière consiste à donner un rythme (rythme des phrases, des répliques) à ces hésitations.

Anne Desbaresdes récita presque scolairement, pour commencer, une leçon qu'elle n'avait jamais apprise.

« Quand je suis arrivée dans cette maison, les troènes y étaient déjà. Il y en a beaucoup. Quand l'orage approche, ils grincent comme l'acier. D'y être habituée, tenez, c'est comme si on entendait son cœur. J'y suis habituée. Ce que vous m'avez dit sur cette femme est faux, qu'on la trouvait ivre morte dans les bars du quartier de l'arsenal. »

La sirène retentit, égale ct juste, assourdissant la ville entière. La patronne vérifia son heure, rangea son tricot rouge. Chauvin parla aussi calmement que s'il n'avait pas entendu.

« Beaucoup de femmes ont déjà vécu dans cette même maison qui entendaient les troènes, la nuit, à la place de leur cœur. Toujours les troènes y étaient déjà. Elles sont toutes mortes dans leur chambre, derrière ce hêtre qui, contrairement à ce que vous croyez, ne grandit plus.

– C'est aussi faux que ce que vous m'avez dit sur cette femme ivre morte tous les soirs.

– C'est aussi faux. Mais cette maison est énorme. Elle s'étend sur des centaines de mètres carrés. Et elle est tellement ancienne aussi qu'on peut tout supposer. Il doit arriver qu'on y prenne peur. »

Le même émoi la brisa, lui ferma les yeux. La patronne se leva, remua, rinça des verres.

Index des auteurs de la littérature française

Un astérisque signale les auteurs figurant dans le présent ouvrage

ANOUILH Jean (1910-1987)* – XXe s.

APOLLINAIRE Guillaume (1880-1918)* – XXe s.

ARAGON Louis (1897-1982)* – XXe s.

d' AUBIGNÉ Agrippa (1552-1630) – XVIIe s.

de BALZAC Honoré (1799-1850)* – XIXe s.

BARBEY D'AUREVILLY Jules (1808-1889) – XIXe s.

BAUDELAIRE Charles (1821-1867)* – XIXe s.

de BEAUMARCHAIS Pierre-Augustin CARON (1732-1799)* – XVIIIe s.

de BEAUVOIR Simone (1908-1986)* – XXe s.

BECKETT Samuel (1906-1989)* – XXe s.

du BELLAY Joachim (1522-1560)* – XVIe s.

BERNANOS Georges (1888-1948) – XXe s.

BERNARDIN DE SAINT-PIERRE Jacques-Henri (1737-1814) – XVIIIe s.

BOILEAU Nicolas (1636-1711) – XVIIe s.

BOSSUET Jacques-Bénigne (1627-1704) – XVIIe s.

BRETON André (1896-1966) – XXe s.

CAMUS Albert (1913-1960)* – XXe s.

CÉLINE Louis-Ferdinand (1894-1961)* – XXe s.

CENDRARS Blaise (1887-1961) – XXe s.

CHAR René (1907-1988) – XXe s.

CHARLES D'ORLÉANS (1394-1465) – XVe s.

de CHATEAUBRIAND François-René (1768-1848)* – XIXe s.

CHÉNIER André (1762-1794) – XVIIIe s.

CHODERLOS DE LACLOS Pierre (1741-1803)* – XVIIIe s.

CHRÉTIEN DE TROYES (vers 1130-vers 1190)* – XIIe s.

CLAUDEL Paul (1868-1955)* – XXe s.

COCTEAU Jean (1889-1963) – XXe s.

COLETTE Gabrielle-Sidonie (1873-1954) – XXe s.

CORNEILLE Pierre (1606-1684)* – XVIIe s.

DESCARTES René (1596-1650)* – XVIIe s.

DIDEROT Denis (1713-1784)* – XVIIIe s.

DUMAS « PÈRE » Alexandre (1802-1870) – XIXe s.

DURAS Marguerite (1914-1996)* – XXe s.

ÉLUARD Paul (1895-1952)* – XXe s.

FÉNELON François de LA MOTHE (1651-1715) – XVIIe s.

FLAUBERT Gustave (1821-1880)* – XIXe s.

GIDE André (1869-1951)* – XXe s.

GIONO Jean (1895-1970) – XXe s.

GIRAUDOUX Jean (1882-1944)* – XXe s.

GONCOURT Edmond (1822-1896) et Jules (1830-1870) – XIXe s.

GRACQ Julien (né en 1910) – XXe s.

de HEREDIA José-Maria (1842-1905) – XIXe s.

HUGO Victor (1802-1885)* – XIXe s.

IONESCO Eugène (1912-1994)* – XXe s.

LABÉ Louise (1524-1566) – XVIe s.

de LA BRUYÈRE Jean (1645-1696) – XVIIe s.

de LA FAYETTE Marie-Madeleine (1634-1693)* – XVIIe s.

de LA FONTAINE Jean (1621-1695)* – XVIIe s.

de LAMARTINE Alphonse (1790-1869)* – XIXe s.

de LA ROCHEFOUCAULD François (1613-1680) – XVIIe s.

LECONTE DE LISLE Charles (1818-1894) – XIXe s.

LESAGE Alain-René (1668-1747) – XVIIIe s.

de MALHERBE François (1555-1628) – XVIIe s.

MALLARMÉ Stéphane (1842-1898) – XIXe s.

MALRAUX André (1901-1976)* – XXe s.

de Marivaux Pierre Carlet de Chamblain (1688-1763)* – XVIIIe s.

Marot Clément (1496-1544) – XVIe s.

de Maupassant Guy (1850-1893)* – XIXe s.

Mauriac François (1885-1970) – XXe s.

Mérimée Prosper (1803-1870) – XIXe s.

Michaux Henri (1899-1984) – XIXe s.

Michelet Jules (1798-1874) – XIXe s.

Molière (1622-1673)* – XVIIe s.

de Montaigne Michel (1533-1592)* – XVIe s.

de Montesquieu Charles-Louis de Secondat (1689-1755)* – XVIIIe s.

de Musset Alfred (1810-1857)* – XIXe s.

de Nerval Gérard (1808-1855) – XIXe s.

Pascal Blaise (1623-1662)* – XVIIe s.

Péguy Charles (1873-1914) – XXe s.

Prévost (l'abbé) (1697-1763) – XVIIIe s.

Proust Marcel (1871-1922)* – XXe s.

Rabelais François (1494(?)-1553)* – XVIe s.

Racine Jean (1639-1699)* – XVIIe s.

Rimbaud Arthur (1854-1891)* – XIXe s.

de Ronsard Pierre (1524-1585)* – XVIe s.

Rousseau Jean-Jacques (1712-1778)* – XVIIIe s.

Rutebeuf (?-1285?) – XIIIe s.

de Sade Donatien (1740-1814) – XVIIIe s.

Sainte-Beuve Charles-Augustin (1804-1869) – XIXe s.

de Saint-Éxupéry Antoine (1900-1944) – XXe s.

Saint-John Perse (1887-1975) – XXe s.

de Saint-Simon Louis de Rouvroy (1675-1755) – XVIIIe s.

Sand George (1804-1876) – XIXe s.

Sartre Jean-Paul (1905-1980)* – XXe s.

de Sévigné marquise (1626-1696) – XVIIe s.

SIMON Claude (né en 1913) – XXe s.

STENDHAL Henri BEYLE dit (1783-1842)* – XXe s.

VALÉRY Paul (1871-1945)* – XXe s.

VERLAINE Paul (1844-1896)* – XIXe s.

de VIGNY Alfred (1797-1863) – XIXe s.

VILLIERS DE L'ISLE-ADAM Philippe-Auguste (1838-1889) – XIXe s.

VILLON François (1431-après 1463)* – XVe s.

VOLTAIRE (1694-1778)* – XVIIIe s.

ZOLA Émile (1840-1902)* – XIXe s.